REPARACIONES FRECUENTES EN EL HOGAR

CREATIVE
PUBLISHING
international

CHANHASSEN, MINNESOTA

www.creativepub.com

Contenido

Copyright © 1988, 2002
Creative Publishing international, Inc.
18705 Lake Drive East
Chanhassen, Minnesota 55317
1-800-328-3895
www.creativepub.com
All rights reserved

Printed on American paper by:
R.R. Donnelley
10 9 8 7 6 5 4 3 2 1

President/CEO: Michael Eleftheriou
Vice President/Publisher: Linda Ball
Vice President/Retail Sales & Marketing: Kevin Haas

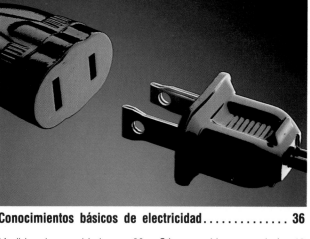

Conocimientos básicos de plomería 14

Conocimientos básicos de electricidad 36

Reparación de pisos 91

Reparación de exteriores 102

Índice 126

Versión en español:
JESUS LOPEZ LLAÑEZ

Versión autorizada en español de la obra publicada en inglés por
Creative Publishing international con el título de
Everyday Home Repairs
©1988 por Creative Publishing international, Inc.
ISBN 0-86573-701-0 (pbk)

Library of Congress
Cataloging-in-Publication Data
(Information on file)

ISBN 1-58923-103-1

4 Replace the entire cartridge if the faucet leaks. Do not attempt to replace only the O-rings or neoprene seals. Reinsert retaining clip; replace retaining nut.

5 Remove spout by pulling up while twisting. Cut off old O-rings using a knife. Spread heatproof grease on new O-rings before installing. Replace spout.

6 Lift lever tightly. angle, si shown lip of an

Spout O-ring

Introducción

Los costos de mano de obra por hora para la ejecución de las reparaciones domésticas han aumentado fuera del alcance de muchos propietarios de casas, e incluso si se está en condiciones de pagar los precios vigentes, a veces resulta difícil encontrar quién haga el trabajo a satisfacción en el momento en que se necesita. Hoy en día, los adelantos en herramientas y materiales contribuyen a que las reparaciones domésticas estén dentro de los niveles de habilidad artesanal de todos. En este manual se enseñan las técnicas que emplean los profesionales para corregir los problemas más comunes.

Para encontrar la información que se necesita para un trabajo en particular, se busca en el índice de las páginas 2 y 3, en el cual aparecen agrupados los trabajos de reparación en seis categorías básicas, que se subdividen en más de cien de los problemas más conocidos. Después se consulta en la página correspondiente a la reparación requerida. Allí se presenta un cuadro de recomendaciones intitulado ''Antes de comenzar'', que contiene una lista de las herramientas y los materiales que se requerirán para empezar y terminar satisfactoriamente cada reparación. Este cuadro sirve como lista de verificación para organizar el trabajo y ahorrarse los viajes de última hora para comprar artículos olvidados.

Una vez reunido todo lo necesario, se estará en condiciones de comenzar la reparación. Los pasos a seguir se presentan tan claros y completos como es posible. No hay dibujos de líneas. Cada reparación se efectuó en realidad y se tomaron fotografías paso a paso para registrar el proceso, con claridad y de principio a fin; esto dio como resultado que el manual contenga más de 480 fotografías a colores, de las cuales más de 400 son fo-tos instructivas para indicar cómo proceder.

Lo que se ve en las fotos es lo que se verá al desarmar, por ejemplo, una llave mezcladora, o cuando se le quite la tapa a una caja de salida de la instalación eléctrica. Además de soluciones a problemas específicos, se encontrarán muchas ideas que sirven para ahorrar dinero y enseñan técnicas útiles para usar las herramientas, todas ellas garantizadas, para hacer de este manual el libro más valioso sobre reparaciones domésticas que es posible adquirir.

Caja de herramientas básicas

Una caja de herramientas de tamaño mediano con las herramientas de mano abajo ilustradas es suficiente para realizar la mayoría de las reparaciones domésticas que se muestran en este libro. Ya sea que se compren según se necesiten, o se adquieran todas a la vez, siempre conviene que sean las mejores herramientas en el mercado. Una herramienta de mano de calidad dura por toda la vida y a la larga cuesta menos que tener que comprar tres o cuatro de menor precio. Seleccione martillos, cinceles y desarmadores hechos de acero forjado. Las sierras de mano de calidad tienen dientes rectificados de precisión. La caja de herramientas básica consiste de: pinzas, cinta métrica flexible, palanca, llaves de boca, serrucho, sierra para cortar metales, escuadra de combinación, llave para tubos, pinzas ajustables, espátula, llave inglesa, martillo de carpintero, escoplo para madera, lima para metales, bloque de lijar, pinzas de punta, desarmadores, lezna.

Metro de cinta de acero

Pinzas de mecánico

Palanca de cuña

Serrucho

Sierra para cortar metales

Llaves de boca

Llave para tubos

Escuadra de combinación

Pinzas ajustables

Espátula

Escoplo para madera

Lima para metales

Bloque lijador

Llave ajustable

Lezna

Pinzas de punta

Desarmadores

Martillo de carpintero

Herramientas eléctricas básicas

Unas cuantas herramientas eléctricas de buena calidad aumentan grandemente las habilidades artesanales y la satisfacción personal que se deriva de efectuar reparaciones domésticas. Cualquier trabajo de reparación se hace más rápido y más fácil si se usa una herramienta eléctrica. Un taladro de $3/8''$, reversible, de velocidad variable es una de las herramientas más versátiles que se puede tener; sirve para taladrar, fijar tornillos, limar metales, quitar herrumbre y pintura, y hasta para agitar la pintura. Una sierra caladora eléctrica con diversas seguetas efectúa casi cualquier trabajo de corte. Una sierra caladora de calidad corta madera hasta de $2''$ de espesor. La sierra circular con disco de $7''$ o más de diámetro es una herramienta indispensable para trabajos de carpintería. Una lijadora eléctrica simplifica los trabajos de acabado de madera.

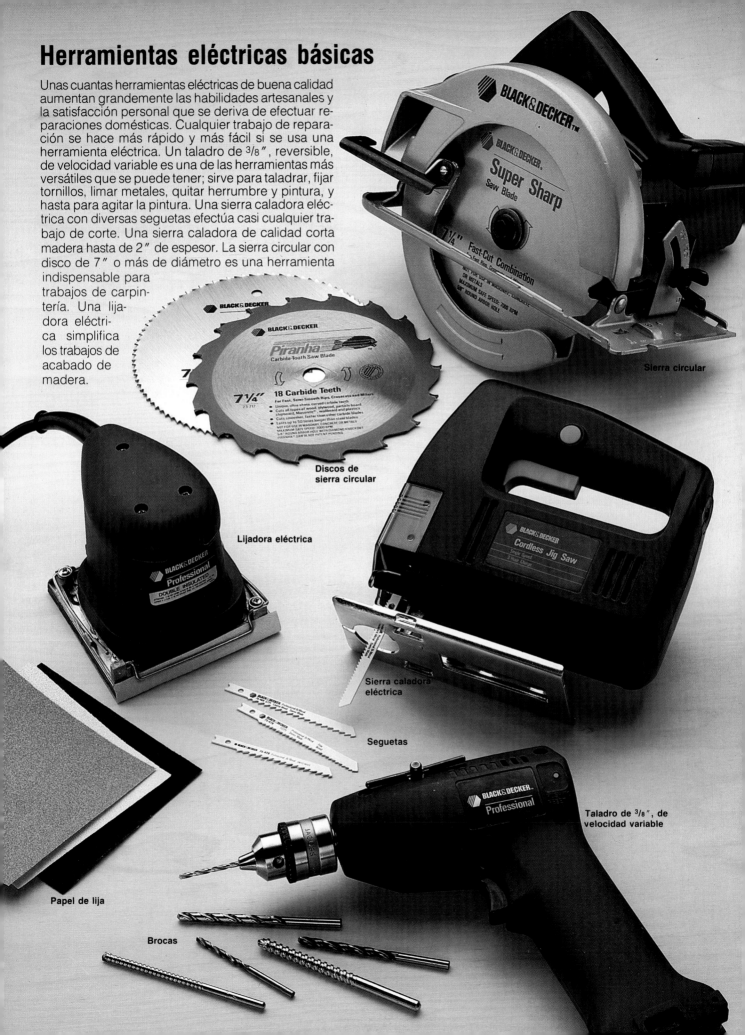

Sierra circular

Discos de sierra circular

Lijadora eléctrica

Sierra caladora eléctrica

Seguetas

Papel de lija

Brocas

Taladro de $3/8''$, de velocidad variable

Consejos para escoger y utilizar las herramientas adecuadas

Adquirir tanto desarmadores para tornillos de cabeza ranurada como desarmadores para tornillos de cabeza en cruz, con puntas de distintos calibres. El uso de un desarmador de tamaño inapropiado daña al tornillo o a la pieza de trabajo.

No usar desarmadores como cinceles o palancas. Un desarmador con la cuña doblada o con la punta averiada puede zafarse y dañar la pieza de trabajo.

Manténganse afilados los cinceles, escoplos y demás herramientas de corte. Es peligroso forzar herramientas desafiladas.

Las brochas de cerdas naturales dan acabado más terso a las capas de barniz o de esmalte con alcohol alquido.

Las brochas de cerdas sintéticas como esta combinacion de fibras de nylon y de poliéster, se usan para pinturas de látex.

Para pequeños trabajos de pintura o de retoque se usan brochas de esponja de bajo costo que se desechan al terminar.

El nivel pequeño de cuerda, especial para nivelar muros de mampostería, es también práctico para nivelar cuadros o espejos sobre paredes.

Adquirir dispositivos para sujetar firmemente una pieza de trabajo cuando se taladra o se lija, o para sujetar dos piezas que se unen hasta que se seque el pegamento.

Poner mangos a las limas para asirlas con seguridad y comodidad al trabajar en metales. Las limas de distintas formas permiten trabajar cualquier objeto.

Para taladrar en metal marque un punto con punzón, lo cual propicia que la broca se mantenga centrada.

Úsese taladro de velocidad variable y manténganse bajas las rpm para taladrar suavemente el metal y evitar que la broca pierda filo.

Adquiéranse distintas sierras y seguetas para realizar cualquier trabajo de reparación. La sierra circular es indispensable para cortar maderas gruesas para bastidores; la sierra caladora sirve para cortar formas difíciles.

Emplear pistola térmica para aplicar pegamento en caliente para asegurar riostras de rincones o refuerzos, o para unir objetos pequeños que se rajarían si se clavan.

No emplear el martillo de carpintero como herramienta de uso general. Está diseñado solamente para clavar y sacar clavos.

Lije la cara del martillo para quitarle residuos de clavos revestidos. Así se reduce la cantidad de clavos doblados.

La hoja ancha rígida de esta cinta métrica de calidad permite medir sin necesidad de que un ayudante la sujete del otro extremo.

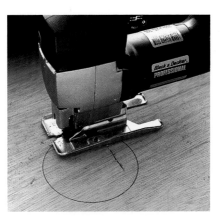

Las sierras caladoras profesionales son fabricadas con calidad para resistir uso pesado y tienen la versatilidad necesaria para realizar cualquier trabajo de corte.

La escuadra de combinación sirve para marcar cortes a inglete de 90° ó 45° en piezas pequeñas de trabajo. Usar la escuadra de carpintero (parte superior) para maderas de bastidores más grandes.

Consejos para escoger y usar los tornillos adecuados

Esta colección de tornillos comprende (de izquierda a derecha): tornillos de cabeza plana y ovalada para madera, tornillo con tuerca para metales, tornillo con roldana para fijar entrepaños de fibra de vidrio, tornillo para metales, tornillo para lámina metálica, tornillo para paredes secas y pijas.

Escoja una broca ligeramente más pequeña que el diámetro de la caña del tornillo, para taladrar un barreno piloto.

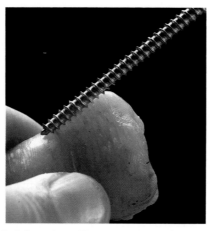

Pretaladrar un barreno guía y avellanar la cabeza del tornillo con esta punta para avellanar de combinación.

Lubricar el tornillo con cera de abeja para facilitar su introducción, ya sea con desarmador manual o con atornillador eléctrico.

Seleccionar el desarmador apropiado a la ranura de la cabeza del tornillo. La hoja angosta del desarmador de la derecha puede zafarse y dañar la cabeza del tornillo.

Usar una T de golf o una espiga para tapar agujeros abocardados de tornillos de madera. Cortar al ras el taquete y poner un tornillo nuevo.

Se usan tapones de madera planos o decorativos para cubrir y ocultar cabezas avellanadas de tornillos.

Meter los tornillos autorroscantes para lámina con atornillador eléctrico o con taladro eléctrico provisto de un dado hexagonal.

Consejos para escoger y usar los clavos adecuados

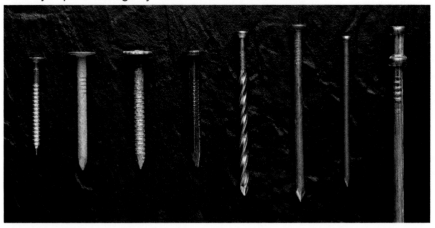

Esta colección de clavos comprende (de izquierda a derecha): clavo para paredes de yeso, clavo galvanizado para techos, clavo para sellado de techos, clavo para concreto, clavo para pisos de madera, clavo común de bastidores, clavo sin cabeza y clavo de dos cabezas.

Pretaladrar la madera para evitar que se raje. Usar un clavo sin cabeza como broca para perforar rápida y exactamente el orificio del calibre requerido.

Alternar los clavos para que no todos entren en el mismo punto del grano de la madera y la rajen.

El clavado angulado que se ilustra da una mayor fuerza de sujeción que si se clava en ángulo recto.

Usar el martillo apropiado para obtener los mejores resultados. El martillo para tachuelas del fondo está imantado para sujetar tachuelas y es de peso ligero para no dañar la madera.

Se clava oblicuamente para unir dos piezas de madera cuando no es posible clavar longitudinalmente por los extremos.

Se evita dañar la madera si se usa el punzón para introducir el clavo sin cabeza bajo la superficie.

Usar el punzón de clavitos para clavar marcos para cuadros u otras piezas que se puedan dañar si se usa el martillo.

Plomería

Conocimientos básicos de plomería

Cartuchos de grifos

Juego de piezas para reparar válvula de tanque bajo

Juego de piezas para reparar grifos de bola

Asientos de válvulas

Juego de piezas de repuesto para llave rociadora

Juego de piezas para válvula de admisión de agua tipo de válvula de émbolo

Arandelas

Sello de válvula de tanque bajo

Válvula tipo ranita

Materiales para plomería.   **Herramientas** para plomería. ▶

Las líneas de plomería de la instalación sanitaria que pasan por una casa comprenden dos sistemas independientes de tuberías. Las tuberías del suministro de **agua potable** son de diámetro pequeño de 1/2″ a 1″ y alimentan agua limpia a presión para todas las necesidades de los moradores de la casa. Las líneas de **ventilación y de desagüe** están tendidas con tuberías de 11/4″ o más de diámetro hacia el alcantarillado. El sistema de desagüe no está bajo presión, funciona por gravedad.

Casi todos los trabajos de reparación de plomería se refieren a **fugas** y **obstrucciones.** Las fugas se originan por la presión del sistema de suministro que ejerce fuerza en las tuberías, las uniones y los accesorios. Las obstrucciones se forman por falta de presión en el sistema de desagüe.

En las siguientes páginas se explican técnicas básicas de plomería. El requisito principal para un trabajo satisfactorio de reparación de plomería consiste en el cierre total de las tuberías del agua y de su desagüe, en el caso de las líneas de drenaje, antes de comenzar a trabajar.

Cómo cerrar totalmente las tuberías del agua y de desagües

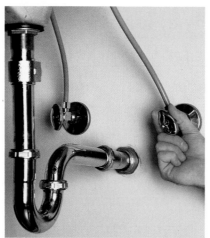

Válvulas individuales de cierre total del agua, se localizan en los tubos de suministro que alimentan el accesorio. Algunos fregaderos y la mayoría de los inodoros están provistos de éstas. Girar la válvula hacia la derecha para cerrar el paso del agua, después abrir un grifo o baldear el inodoro para drenar el agua estancada en las tuberías.

La válvula principal de paso, que se localiza cerca del medidor del agua, puede cerrarse para interrumpir toda el agua. Abrir los grifos de las partes más altas y más bajas de la casa para drenar las tuberías de agua.

14

Nicholson

Sierra para cortar metales

Llave para tubos

Matraca y dado largo

Cepillo metálico duro

Pinzas ajustables

Sonda destapacaños

Llaves Allen

Sonda espiral para inodoros

Destapador con reborde

Herramienta de reafinar asientos

Boquilla de expansión

Llave de asentar

Reparación de un grifo que gotea

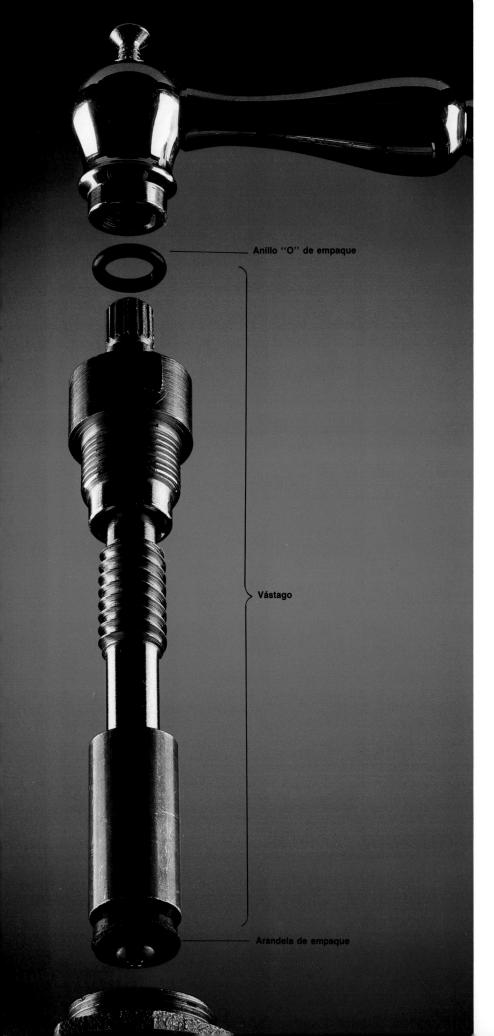

Anillo "O" de empaque

Vástago

Arandela de empaque

En los grifos con fugas, por lo general el desperfecto se debe a **roldanas, anillos "O" o sellos de empaque** desgastados o rajados.

Los grifos o espitas se fabrican en muchos estilos distintos y sus partes de repuesto a veces difieren demasiado, pero todos estos accesorios tienen piezas que se cambian cuando el grifo gotea. Cuando se desarme un grifo hágase este trabajo cuidadosamente y póngase atención al orden dispuesto de las piezas. Comenzar con la identificación del tipo de grifo de que se trate.

Antes de comenzar el trabajo de reparación en cualquier accesorio, se debe cerrar el suministro de agua.

Antes de comenzar:

Herramientas y materiales para grifos de bola: pinzas ajustables, partes de repuesto para reparar grifos, cuchilla de uso general, desarmador.

Herramientas y materiales para grifos de disco: llave allen, desarmador, cartucho.

Herramientas y materiales para grifos de casquillo: desarmador, pinzas ajustables, pinzas de punta, cartucho, anillos "O" de empaque, grasa a prueba de calor.

Herramientas y materiales para grifos de compresión (de vástago y asiento): desarmador, llave ajustable, roldanas, anillos "O" o empaque de cordón, cuchilla de uso general, grasa a prueba de calor, llave de asientos, herramienta de reafinar asientos, asientos de válvula.

Cómo identificar el estilo de las llaves mezcladoras

Los grifos de cartucho, fabricados en muchos estilos, no usan roldanas sino insertos para cartuchos, provistos de todas las piezas mecánicas. El tornillo de la manija está oculto debajo de una tapa índice en el collarín. Las dos espitas comunes de cartucho son las de disco y las de casquillo.

La parte de repuesto del grifo de cartucho es un cartucho nuevo. No intentar cambiar los anillos ''O'' o sellos del cartucho. Para reparar un grifo de cartucho que gotea, consultar las páginas 20-21.

Los grifos de bola tienen un collarín redondo en la manija de una sola palanca. Debajo del collarín se encuentra una tapa cóncava. Por lo general, la manija está montada al grifo por medio de un tornillo opresor localizado en el collarín. En el interior, una bola plástica o metálica controla el volumen y la temperatura del agua.

Las partes de repuesto para una espita de bola por lo general se encuentran en dos juegos independientes de piezas para reparaciones; uno de ellos con resortes y asientos de válvula, el otro con la bola, la leva y la roldana de leva. A veces todas estas refacciones vienen en un solo conjunto. Para reparar un grifo de bola ver la página 19.

Los grifos de compresión (de vástago y asiento) de muchos lavamanos de dos llaves y los accesorios de baño tienen roldanas de neopreno que comprimen contra un asiento de válvula. Las tapas índice de la parte superior de las llaves del grifo ocultan los tornillos de las llaves.

Las partes de respuesto para el grifo de compresión comprenden roldana y anillo O de empaque (o roldana de empaque y cordón de empaque en espitas más antiguas). Para reparar un grifo de compresión que gotea, consultar las páginas 22-23.

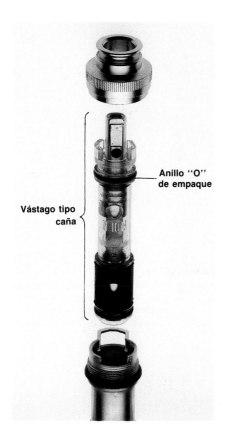

Vástago tipo caña

Anillo ''O'' de empaque

Leva

Roldana de leva

Asiento de válvula

Bola

Resorte

Anillos ''O'' de empaque

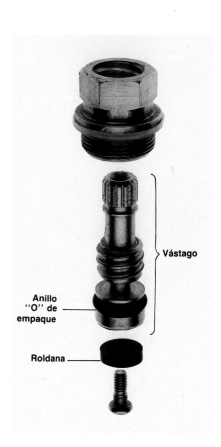

Vástago

Anillo ''O'' de empaque

Roldana

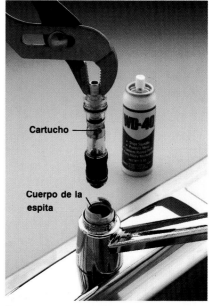

No rayar el cromo, revestir las mordazas de las pinzas o la llave con cinta de recubrir, para hacer la reparación. En los grifos de dos llaves reparar un lado en cada vez, y no confundir los vástagos para el agua caliente y el agua fría.

Si se dañan las ranuras con el desarmador de una roldana del vástago, ahondar la ranura del tornillo con una sierra para cortar metales. Si se rompe la cabeza del tornillo, apalancar para sacar la roldana y quitar el tornillo con las pinzas de punta.

Para quitar un cartucho apretado se le sujeta por la parte superior del vástago con pinzas de ranura y se le alza con movimiento suave hacia adelante y hacia atrás. Se aplica aceite penetrante para facilitar la operación. Téngase cuidado de no doblar el cartucho ni dañar el cuerpo del grifo.

Limpiar los accesorios del grifo si la presión del agua es baja, o la forma del chorro no es uniforme. Separar todas las piezas y quitarles los sedimentos minerales con un cepillo, después poner todas las piezas en solución disolvente de cal por toda la noche, antes de ensamblar de nuevo. Queda a discreción cambiar mejor que lavar o limpiar el aereador y los accesorios del grifo que tengan un bajo costo.

Cambiar el grifo si continúa con fuga. Los accesorios de repuesto se adquieren con instrucciones detalladas, pero será necesario conocer las medidas para hacer una compra acertada. Anotar la medida de centro a centro entre los dos extremos inferiores de los vástagos roscados, o llevar consigo el grifo usado al momento de comprar la refacción.

Cómo reparar una llave mezcladora de bola que gotea

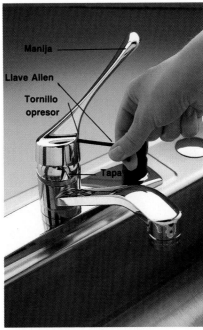

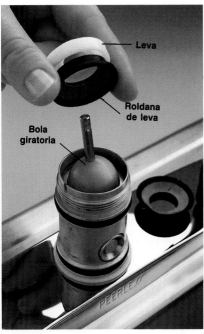

1 Cerrar totalmente el suministro de agua (página 14). Aflojar el tornillo opresor de la manija con una llave allen (o usar la llave para tornillo opresor incluida en el juego de partes para reparaciones). Quitar la manija para tener acceso al anillo de ajuste que se encuentra sobre la tapa.

2 Apretar el anillo de ajuste con la llave que viene con el juego de repuestos (en algunos modelos, usar las pinzas ajustables para apretar la tapa). Montar de nuevo la manija y abrir la válvula del agua. Si el grifo todavía gotea, cerrar de nuevo la válvula del agua y quitar la manija.

3 Desenroscar la tapa con pinzas ajustables. (Cubrir las mordazas de las pinzas con cinta de plástico o con tela gruesa para no rayar la superficie de la tapa.) Alzar la leva, la roldana de leva y la bola giratoria.

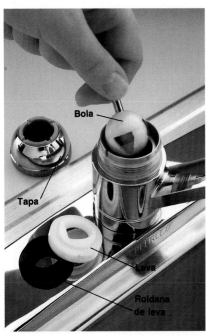

4 Llegar hacia adentro del grifo con desarmador y quitar los resortes y asientos de válvula. Comprar asientos de válvula, resortes, bola giratoria, leva y roldana de leva, que se venden en juegos.

5 Quitar el grifo con movimiento de torsión hacia arriba. Cortar con navaja los anillos "O" de empaque usados. Aplicarles grasa a prueba de calor a los nuevos anillos "O" e instalarlos. Instalar de nuevo el grifo con movimiento de presión hacia abajo hasta que el collarín se asiente sobre el anillo corredizo de plástico.

6 Instalar los nuevos resortes y asientos de válvula, y la nueva bola, roldana de leva y leva. Ensamblar nuevamente el grifo.

Cómo reparar una llave mezcladora de cartucho (tipo disco) que gotea

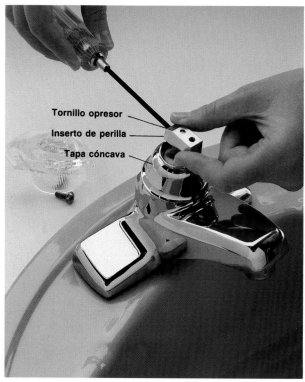

Tornillo de la perilla

Tapa índice

Tornillo opresor

Inserto de perilla

Tapa cóncava

1 Cerrar totalmente el suministro de agua (página 14). Con una palanca se quita la tapa índice y se desatornilla el tornillo de la manija de debajo de la tapa. Quitar la manija del grifo.

2 Usar una llave allen para aflojar el tornillo opresor; después quitar el inserto de la manija. Desenroscar y desprender la tapa cóncava.

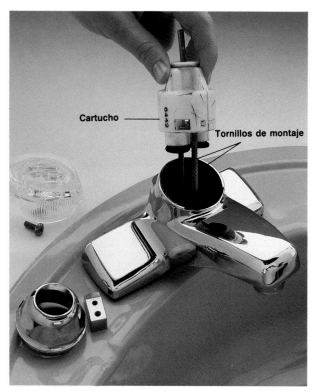

Cartucho

Tornillos de montaje

3 Quitar los tornillos de montaje que sujetan el cartucho en el grifo. Sacar el cartucho. Comprar un nuevo cartucho que sea similar al cartucho usado.

4 Introducir el nuevo cartucho dentro del cuerpo del grifo y cambiar los tornillos de montaje. Montar y enroscar de nuevo la tapa cóncava. Colocar nuevamente el inserto de la manija, la manija y la tapa índice.

Cómo reparar una llave mezcladora de cartucho (tipo casquillo) que gotea

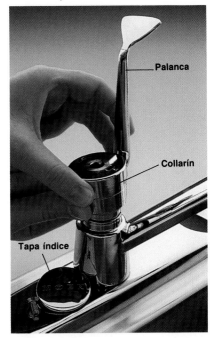

1 Cerrar totalmente el suministro de agua (página 14). Con una palanca se quita la tapa índice que cubre el collarín y se desatornilla el tornillo de la manija de debajo. Alzar la palanca hasta arriba para soltar la palanca interior del borde de la tuerca de retención Desprender la manija.

2 Quitar la tuerca de retención con pinzas ajustables. (En algunos grifos para baño también debe quitarse un collarín ranurado debajo de la tuerca de retención.)

3 Con una palanca se levanta el seguro de retención de la parte superior del cartucho y se quita con unas pinzas de punta.

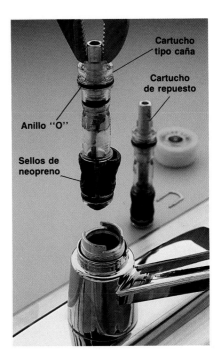

4 Sujetar la parte superior del cartucho con pinzas ajustables. Jalar verticalmente para quitar el cartucho. Llevar consigo el cartucho usado para comprar la pieza de repuesto. Insertar el cartucho nuevo e instalar el seguro de retención.

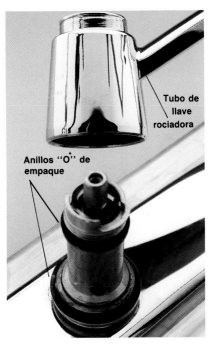

5 Quitar el grifo con un movimiento vertical y de torsión. Cortar con navaja los anillos "O" usados. Untar grasa a prueba de calor en los nuevos anillos "O" antes de instalarlos. Colocar nuevamente el grifo y la tuerca de retención.

6 Alzar la palanca de la manija al mismo tiempo que se sujeta firmemente el collarín. Con el collarín sujetado en ángulo, deslizar el borde plano de la palanca interior por arriba del borde de la tuerca de retención. Instalar nuevamente el tornillo de la manija y la tapa índice.

Cómo reparar una llave mezcladora de compresión (de vástago y asiento) que gotea

Perilla

Tornillo de la perilla

Tapa índice

Tuerca de retención

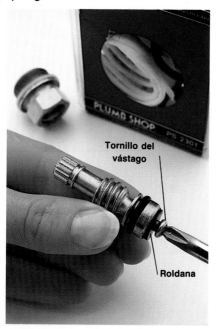

Tornillo del vástago

Roldana

1 Cerrar totalmente el suministro de agua (página 14). Quitar el tornillo que sujeta la perilla al grifo). (El tornillo se oculta debajo de la tapa índice.) Quitar la manija. Si la perilla se atora, aplicar aceite penetrante y balancear la perilla suavemente con movimiento vertical.

2 Usar llave ajustable o pinzas para aflojar la tuerca de retención (o tuerca de empaque en grifos más antiguos). Quitar manualmente la tuerca de retención, después quitar el vástago del cuerpo del grifo.

3 Desenroscar el tornillo de bronce del vástago y con una palanca levantar la roldana usada. Colocar nuevamente la roldana con un duplicado exacto. Cambiar también el tornillo de bronce si presenta señales de desgaste. Los juegos de piezas de respuesto vienen con un amplio surtido de roldanas y tornillos de bronce.

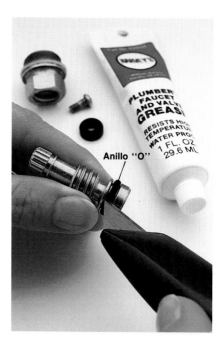

Anillo "O"

Cordón de empaque

Roldanas de empaque

Vástago de sombrero de copa

Diafragma de sombrero de copa

Roldanas cónicas

4 Cortar con navaja el anillo"O" del vástago. Instalar un repuesto exacto del anillo "O". Untar grasa a prueba de calor en todas las piezas móviles, incluido el portamanija. Examinar el asiento de válvula (página siguiente). Si está picado, cambiar o reafinar el asiento de válvula antes de ensamblar de nuevo el grifo.

En grifos más antiguos, la roldana de empaque o el cordón de autoformación de empaque que está precisamente abajo de la tuerca de empaque, se usa en lugar de anillos "O". Cambiar la roldana de empaque, o sujetar la caña con la tuerca de empaque que aparece de frente, y revestir con 5 ó 6 vueltas de cuerda de empaque alrededor del vástago en sentido de manecillas de reloj debajo de la tuerca de empaque.

Variaciones de la roldana: un grifo de vástago en forma de sombrero de copa usa un diafragma del mismo estilo. Basta con empujar rápidamente una roldana de diafragma por arriba de la punta del vástago para corregir fugas. Un vástago de presión inversa usa una roldana ahusada que se adapta con el lado ahusado de frente al cuerpo de la caña.

Cómo quitar un grifo de compresión montado en la pared

1 Para grifos de compresión de dos manijas de montaje en la pared, quitar la manija según el mismo método empleado para los grifos de fregaderos (página siguiente). Quitar el escudete del accesorio. Probablemente el escudete esté sujeto con un tornillo opresor.

2 Quitar la tuerca ciega por medio de una matraca reversible y dado hondo. (Desbastar el azulejo de atrás en la pared y rebajar yeso o concreto de alrededor de la tuerca, si es necesario.) Si la tuerca se atora, aplicar aceite penetrante y esperar 15 minutos.

3 Quitar y cambiar la roldana del vástago. Quitar y cambiar el anillo "O" usado, la roldana vieja de empaque o la cuerda de empaque. Lubricar ligeramente el vástago con grasa a prueba de calor y después ensamblar de nuevo el grifo.

Cómo cambiar o reafinar un asiento de válvula desgastado

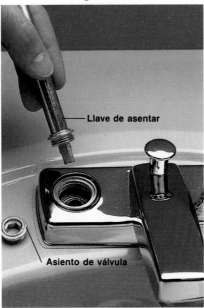

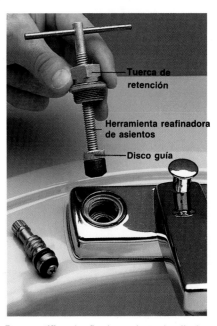

1 Las fugas persistentes probablemente indiquen que un asiento de válvula del interior del cuerpo del grifo se encuentra dañado. Quitar el vástago de la espita y tocar el asiento de válvula con la punta del dedo índice. Si se siente áspero, cambiar el asiento, o reafinarlo con herramienta reafinadora de asientos (a la derecha).

2 Quitar el asiento desgastado con la llave para asientos. Seleccionar el extremo de la llave que se adapte al asiento de válvula e insertarlo hacia adentro del grifo. Girar en sentido contrario a manecillas de reloj para quitarlo. Usar la llave para introducir el nuevo asiento. Si no se puede sacar el asiento, reafinarlo con la herramienta reafinadora de asientos (a la derecha).

Para rectificar (reafinar) un asiento de válvula seleccionar un disco guía que se adapte al grifo. Fijar el disco a la herramienta rectificadora e insertar la tuerca de retención. Apretar ligeramente la tuerca de retención hacia adentro del grifo. Presionar ligeramente la herramienta hacia abajo y girar el esmerilador en sentido de manecillas de reloj. El asiento queda rectificado cuando la herramienta gira fácilmente.

Manija

Palanca de disparo

Alambres elevadores

Flotador

Válvula de admisión

Pera

Todos los inodoros con depósito de agua funcionan de la misma manera. Al **empujar la manija (1)**, la **palanca de disparo (2)** fijada a cadena alzadora o **a los alambres elevadores (3)** levanta la **bola del depósito (4)** o chapaleta del fondo del depósito (inodoro). El agua se precipita hacia adentro de la taza del inodoro. A medida que baja el nivel del agua del depósito, un **flotador de bola (5)** o un flotador de copa abre la **válvula de admisión de agua (6)** para permitir la entrada de agua.

Reparación de un inodoro con fuga de agua

Ajuste de baldeo de inodoro

El flujo continuo de agua en un inodoro ocurre cuando la válvula de admisión del agua (llave de flotador) no cierra completamente el paso del agua dulce al final del ciclo de baldeo. Este problema puede tener su origen en un **flotador** que se encuentre desajustado, en una **válvula de tanque bajo** defectuosa, o en una **pera** o **ranita** defectuosa.

Antes de comenzar:

Herramientas y materiales: papel esmeril, piezas de repuesto para reparar válvulas de flotador, desarmadores.

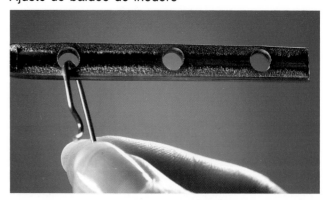

Si el baldeo del inodoro es demasiado lento, enderezar el alambre o la cadena de elevación o correr la cadena a un orificio distinto de la palanca de disparo. Probablemente sea necesaria una cadena más larga. Si el inodoro no baldea de ninguna manera o no funcionara a menos que se mantenga la manija oprimida hacia abajo, enganchar la cadena o el alambre elevadores en uno de los barrenos de la palanca de disparo que se encuentre más próximo a la manija.

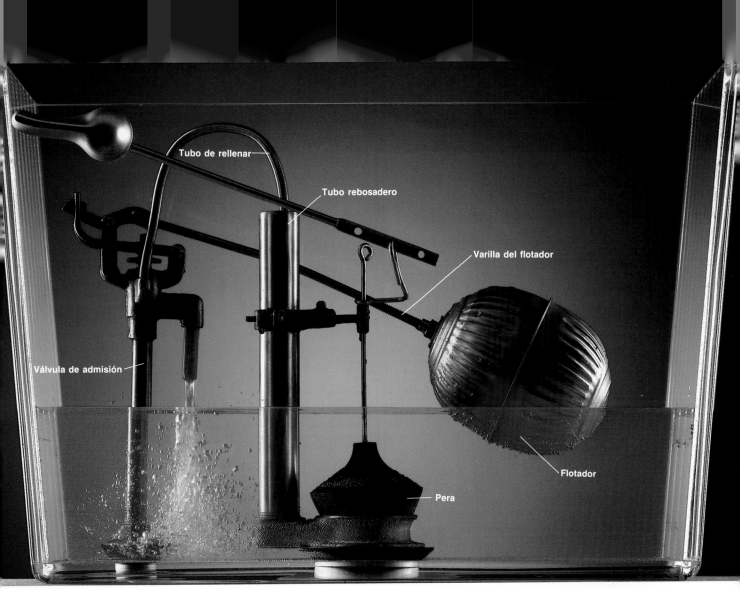

Tubo de rellenar

Tubo rebosadero

Varilla del flotador

Válvula de admisión

Flotador

Pera

Cuando el inodoro está vacío, la bola del depósito (1) o chapaleta desciende de nuevo a su posición para sellar el depósito. El agua de entrada procedente de la **válvula de admisión (2)** llena de nuevo el inodoro, al mismo tiempo que el **tubo de rellenar (3)** arroja una corriente de agua que se precipita por el **tubo de derrame (4)** para restablecer el nivel del agua de la taza del inodoro. A medida que el inodoro llega a toda su capacidad, la **varilla del flotador (5)** fijada al **flotador de bola (6)** gira para cerrar la válvula de admisión de agua.

Cómo identificar el problema

Quitar la tapa del depósito y examinar el interior del inodoro. Si el agua fluye hacia adentro del tubo de derrame, ajustar en ese caso el dispositivo del flotador (página 26). Si la corriente de agua continúa después del ajuste, reparar en ese caso la válvula de admisión (página 27).

Si el agua no rebasa el borde del tubo de derrame, reparar en ese caso la chapaleta o bola del depósito (página 26).

Cómo ajustar un dispositivo de flotador

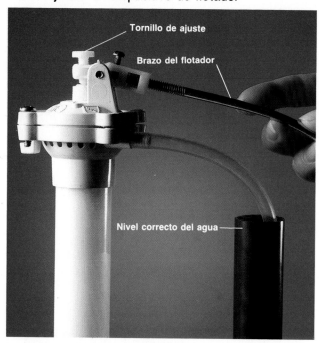

Tornillo de ajuste

Brazo del flotador

Nivel correcto del agua

Caña de válvula de admisión

Taza del flotador

Varilla de tracción

Seguro de resorte

Inodoros con flotadores de bola. Presionar ligeramente hacia abajo el brazo del flotador. El nivel del agua del depósito debe llegar a un punto aproximado de $1/2$ pulgada abajo del borde del tubo de derrame. La mayoría de las válvulas de admisión de agua tienen también tornillos de ajuste para pequeñas graduaciones del nivel del agua. Cambiar el flotador de bola si contiene agua. La bola no debe tocar las paredes del depósito.

Inodoros con flotadores de copa. Apretar con los dedos el seguro de resorte fijado a la varilla de tracción y ajustar la posición de la copa sobre la caña de la válvula de admisión de agua. Ajustar la copa hacia abajo para bajar el nivel del agua del depósito.

Cómo reparar una bola de depósito con fuga

Pera

Asiento de válvula

Papel esmeril

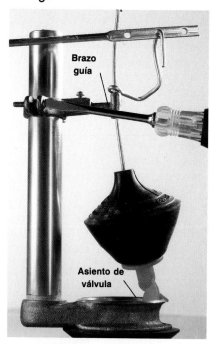

Brazo guía

Asiento de válvula

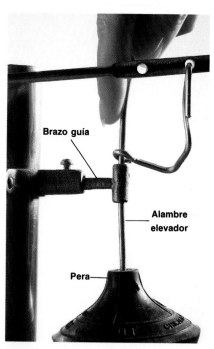

Brazo guía

Alambre elevador

Pera

1 Cerrar totalmente el suministro de agua (página 14) y baldear para vaciar el depósito. Alzar la bola del depósito o desenganchar la chapaleta. Restregar suavemente en el interior del asiento de válvula y esmerilar con papel de lija.

2 Alinear la bola del depósito. Aflojar los tornillos que sujetan el brazo guía y poner el brazo directamente por arriba del asiento de válvula. Cambiar la chapaleta o la bola del depósito si están blandas o rajadas.

3 Enderezar el alambre elevador vertical del mecanismo de bola del depósito. La bola debe ascender y descender suavemente cuando se dispara la palanca. Abrir la válvula del agua para llenar de nuevo el depósito y probar con baldeo.

Cómo reparar una válvula de tanque bajo émbolo, con fuga

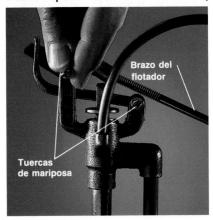

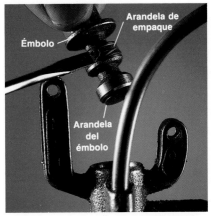

1 Cerrar totalmente el suministro de agua (página 14) y baldear para vaciar el depósito. Quitar las tuercas de mariposa de la válvula de admisión de agua. Sacar el brazo del flotador.

2 Jalar hacia arriba del émbolo para quitarlo. Con una alzaprima se afloja la roldana usada. (Quitar el tornillo del vástago, si es necesario.) Con la alzaprima también se afloja la roldana ranurada de empaque o el anillo "O" de empaque.

3 Cambiar las roldanas. Limpiar el sedimento del interior de la válvula de admisión de agua y ensamblar de nuevo.

Cómo reparar una válvula de tanque bajo de diafragma, con fuga

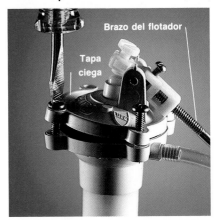

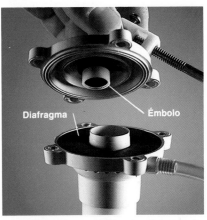

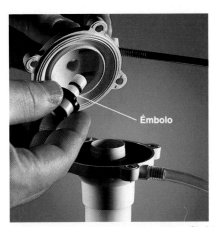

1 Cerrar totalmente el suministro de agua (página 14) y baldear para vaciar el depósito. Quitar los tornillos de la tapa ciega.

2 Separar el brazo del flotador de la válvula de admisión de agua con la tapa ciega fija. Examinar si hay desgaste en el diafragma y el émbolo de la válvula.

3 Cambiar las piezas rígidas o rajadas. Si el mecanismo está demasiado desgastado, cambiar toda la válvula de admisión.

Cómo reparar un conjunto de taza de flotador con fuga

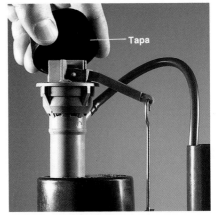

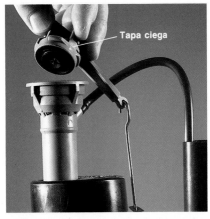

1 Cerrar totalmente el suministro de agua (página 14) y baldear para vaciar el depósito. Quitar la copa.

2 Presionar hacia abajo sobre la caña y girar a la izquierda para quitar la tapa ciega. Examinar dentro de la válvula y limpiar los sedimentos.

3 Cambiar el asiento de válvula. Si el conjunto está demasiado desgastado, cambiar toda la válvula de admisión.

Reparación de un desagüe tapado

Los desagües se obstruyen por la acumulación de desechos en los tubos del drenaje, lo que disminuye o detiene el curso hacia la alcantarilla. El sistema de desagüe de una casa tiene varios puntos de acceso empotrados, para eliminar las obstrucciones.

Cada accesorio del sistema de plomería de la casa está provisto de un dispositivo de seguridad conocido como trampa formada por una sección acodada de tubo. Si se obstruyó solamente un desagüe, se usa el destapador manual de émbolo o bomba de expulsión (página opuesta).

Los desagües para más de un accesorio a veces se descargan hacia adentro del mismo desagüe derivado. El desagüe ramal se descarga hacia adentro de un tubo vertical conocido como tubo vertical de evacuación. Si dos o más desagües están obstruidos, se destapa el desagüe ramal con una barrena espiral para desagües (página 30).

En la parte inferior del tubo vertical de evacuación, el tubo forma un acodamiento gradual de 90° para llegar al desagüe principal. Si un desagüe se tapa con raíces se aplica eliminador químico de raíces en el tubo del drenaje principal (página 31) o se llama al técnico.

Antes de comenzar:

Herramientas y materiales: destapador manual de émbolo para desagües, desarmadores, boquilla de expansión, pinzas de ajuste, cepillo metálico, llave para tubos, barrena espiral para desagües, guantes de caucho, cubeta, eliminador de raíces de sulfato de cobre, grasa a prueba de calor, solución disolvente de cal.

Un buen consejo: Tenga cuidado al usar destapadores químicos de desagües. Producen calor que daña los tubos y pican la superficie del esmalte. Nunca se debe vaciar limpiadores para desagües en agua estancada; tampoco se debe usar la bomba con reborde para destapar el desagüe cuando el agua estancada contenga sustancias químicas. Recuerde usar protectores para los ojos.

Cómo usar un destapador manual de émbolo para desagües

1 Quitar cualquier tapón de desagüe que haya. En algunos desagües se desenrosca la tuerca de retención que sujeta el pivote de la bola al ojo del tapón retráctil (página 32). Algunos tapones retráctiles se desprenden, otros giran en el sentido de manecillas de reloj.

2 Meter un trapo mojado en la abertura de derrame. Colocar la copa del destapador de émbolo por arriba del desagüe; vaciar suficiente agua para cubrir la copa. Mover varias veces el destapador hacia abajo y hacia arriba para impulsar el agua por el desagüe; manténgase la copa sellada por arriba del desagüe.

En bañeras con palanca de disparo o tapones retráctiles de desagües, quitar los tornillos de la tapa de derrame y jalar cuidadosamente el mecanismo elevador para sacarlo de la abertura de derrame. Quitar el tapón del mecanismo retráctil. Tapar la abertura de derrame con trapo mojado antes de bombear el desagüe.

Cómo usar una boquilla de expansión

Una boquilla de expansión (bolsa de expulsión) es útil en obstrucciones locales pequeñas en desagües de fregaderos con tapones removibles. Fijar la boquilla a la manguera del jardín y conectar la manguera al grifo. Quitar el tapón. Insertar la manguera hacia adentro del desagüe. Cuando la manguera recibe agua al abrirse el grifo, la boquilla se expande para llenar el tubo del desagüe y luego lanza el agua en chorros para eliminar las obstrucciones.

Un desagüe de piso o de baño de regadera también se destapa con boquilla de expansión. Después de terminados estos trabajos con la boquilla, cerrar la válvula de paso del agua y esperar que la boquilla se vacíe antes de quitarla.

Cómo abrir un acodamiento de trampa de desagüe

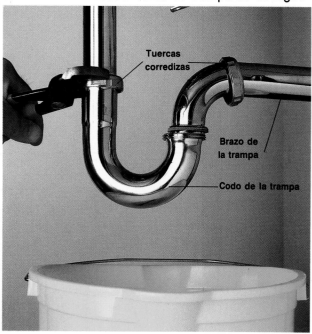

1 Colocar la cubeta debajo de la trampa para recoger el agua y los desperdicios. Usar guantes de hule si se ha aplicado limpiador químico para desagües. Aflojar las tuercas corredizas del acodamiento de la trampa con pinzas ajustables; después quitar las tuercas a mano y apartarlas de las conexiones. Separar el acodamiento de la trampa.

2 Vaciar los desechos. Restregar con cepillo el interior del acodamiento. Cambiar el acodamiento si hay corrosión (página siguiente.) Ensamblar de nuevo la trampa; apretar las tuercas con llave de canal, pero no apretar demasiado. Probar el desagüe con agua. Si hay fuga en el desagüe, apretar las tuercas con otro cuarto de vuelta.

Cómo destapar un desagüe derivado obstruido (tubo de bronce cromado ilustrado)

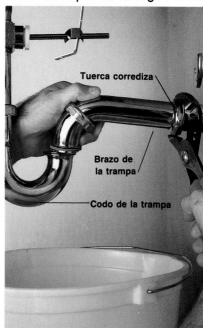

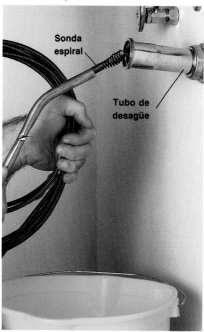

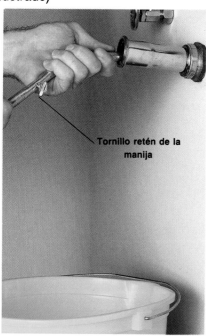

1 Colocar la cubeta debajo del brazo y acodamiento de la trampa. Quitar el acodamiento (arriba). Usar pinzas de canal o llave para tubos para aflojar la tuerca corrediza que sujeta el brazo de la trampa al tubo de desagüe.

2 Quitar la tuerca a mano y correrla lejos de la conexión. Quitar el brazo. Introducir el espiral de la barrena para desagües hacia adentro del tubo del desagüe hasta llegar a la obstrucción. Apretar el tornillo de mariposa para sujetar la manija de la barrena.

3 Girar la barrena en sentido de manecillas de reloj. Introducir más el espiral y continuar la rotación según se desmenuce la obstrucción. Cuando el espiral se mueva libremente, quitar la barrena con rotación de la manija. Ensamblar de nuevo el desagüe, después bombear fuertemente la abertura del desagüe y baldear con agua.

Cómo instalar una trampa de desagüe (tubo plástico PVC ilustrado)

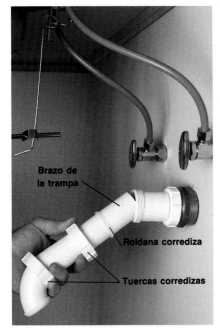

Brazo de la trampa

Roldana corrediza

Tuercas corredizas

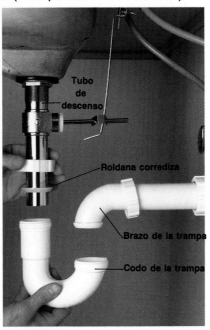

Tubo de descenso

Roldana corrediza

Brazo de la trampa

Codo de la trampa

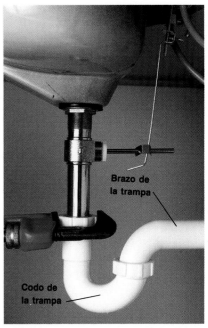

Brazo de la trampa

Codo de la trampa

1 Deslizar los accesorios por sobre el brazo en el siguiente orden: tuerca corrediza (la cuerda primero), otra tuerca corrediza (la cuerda al último), y la roldana corrediza (el lado ahusado al último). Empujar el brazo de la trampa aproximadamente 1¹/₂ pulgadas hacia adentro del tubo del desagüe. Deslizar la roldana por sobre la abertura del desagüe y apretar la tuerca corrediza arriba de la misma a mano.

2 Deslizar la tuerca corrediza por sobre el extremo del vástago roscado del grifo (cuerda hacia abajo), después una roldana (lado ahusado hacia abajo). Empujar el extremo largo del acodamiento de la trampa por sobre el extremo de vástago roscado del grifo y deslizarlo hacia arriba hasta que el extremo corto quede alineado con el brazo de la trampa. Deslizar la roldana y la tuerca hacia abajo del extremo de vástago roscada del grifo y apretarlos a mano por sobre el acodamiento.

3 Cambiar la posición del brazo de la trampa en la pared para alinearlo con el extremo corto del acodamiento de la trampa. Apretar todas las tuercas con pinzas ajustables o llave para tubos, pero no apretar demasiado. Probar el desagüe con agua. Si hay fuga en el desagüe, apretar las tuercas corredizas con otro cuarto de vuelta.

Cómo quitar raíces de árboles del tubo de drenaje principal

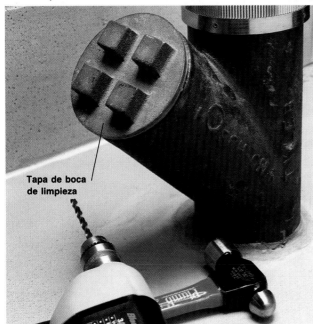

Tapa de boca de limpieza

Boca de limpieza

1 Desenroscar el tapón principal de limpieza con una llave para tubos. Cuando el tapón está corroído, taladrar agujeros en el tapón y romperlo en fragmentos con el martillo de bola. Instalar un nuevo tapón después de limpiar el desagüe.

2 Vaciar aproximadamente 2 tazas de eliminador de raíces de sulfato de cobre en el tubo principal del drenaje. Cambiar el tapón principal del tubo de drenaje. Dejar que la acción química trabaje toda la noche antes de soltar agua corriente o baldear el inodoro. Las raíces son destruidas por los cristales y después son deslavadas.

31

Cómo limpiar y ajustar un conjunto de tapón de bañera

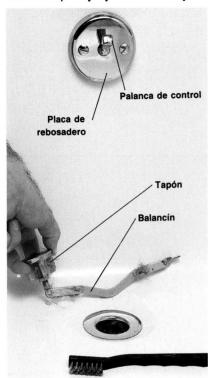

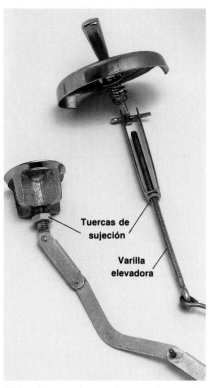

1 Girar la palanca de control del tapón retráctil a la posición de abierta. Jalar el tapón hacia arriba y jalar con cuidado el brazo oscilante del desagüe. Limpiar los desechos del tapón. Quitar los tornillos de la tapa de derrame.

2 Quitar del tubo de derrame la tapa y el conjunto elevador. Limpiar los desechos del conjunto elevador con cepillo duro. Quitar la corrosión con solución disolvente de cal o vinagre. Lubricar todas las partes con grasa a prueba de calor.

3 Las tuercas de sujeción permiten ajustar la posición del tapón. Si el desagüe de la bañera tiene fuga cuando el tapón está cerrado, aflojar en ese caso la tuerca de sujeción y enroscar el tapón hacia abajo. Si la bañera se desagua, en ese caso el tapón se atornilla hacia arriba. Mediante el cambio de posición de la varilla elevadora, se hacen ajustes mayores.

Cómo reparar un tapón retráctil de desagüe de lavamanos

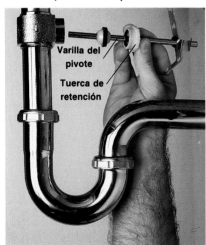

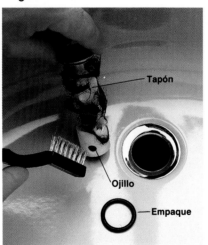

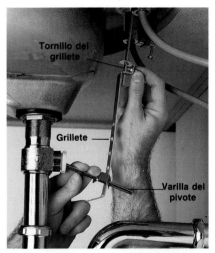

1 Alzar el tapón a la posición de abierto. Desenroscar la tuerca de retención abajo del lavamanos, después jalar la varilla de pivote hacia afuera del cuerpo del desagüe para soltar el tapón. Quitar el tapón con movimiento giratorio contrario a manecillas de reloj y separarlo.

2 Limpiar los desechos del tapón. Con una palanca quitar cualquier empaque desgastado e instalar su refacción. Regresar el tapón al desagüe. Si el tapón tiene ojillo, asegurarse que quede alineado con la varilla de pivote. Insertar la varilla de pivote abajo del lavamanos y apretar la tuerca de retención.

3 Si el lavamanos no desagua correctamente, aflojar el tornillo del grillete abajo del fregadero. Jalar la varilla de pivote hacia abajo y apretar de nuevo el tornillo del grillete. Si el tapón no funciona, mover la varilla de pivote a un barreno más alto en el grillete.

32

Reparación de un inodoro tapado

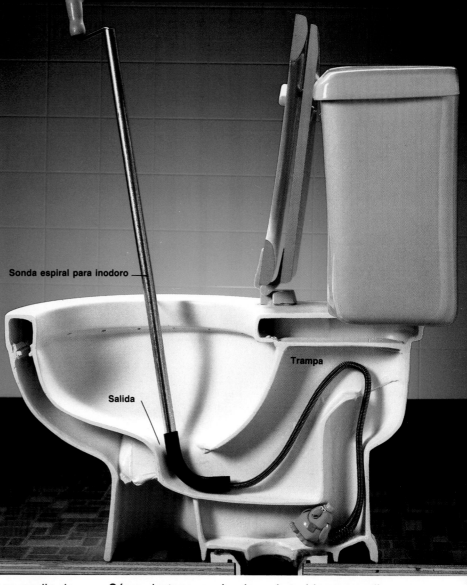

Las obstrucciones de los inodoros por lo general ocurren en los acodamientos estrechos y agudos de la **trampa** interconstruida. La ubicación de la trampa depende del modelo de inodoro. En el inodoro común de chorro, la taza se vacía por una **salida** en la parte posterior de la taza.

La reparación se comienza con baldeo de agua en la taza. Después, con la mano protegida con guante de hule, se explora hacia adentro de la abertura de la salida y lo más profundo que se pueda, en busca de materiales extraños. Si no es posible llegar a la obstrucción de esta manera, se continúa con las instrucciones abajo descritas.

Sonda espiral para inodoro

Trampa

Salida

Antes de comenzar:

Herramientas y materiales: destapador manual de émbolo, sonda espiral para inodoros, guantes de hule.

Cómo destapar un inodoro obstruido por medio de una bomba con reborde

Salida

Colocar la copa del destapador manual de émbolo por arriba de la abertura de la salida. (El destapador manual de copa bridada trabaja mejor en inodoros.) Vaciar suficiente agua hacia adentro de la taza para cubrir la copa de caucho. Bombear rápidamente hacia abajo y hacia arriba. Vaciar una cubeta de agua adentro de la taza. Si el agua se pasa, baldear el inodoro varias veces para deslavar los desechos por el desagüe.

Cómo destapar un inodoro obstruido por medio de sonda espiral

Usar una sonda espiral de fabricación específica para deshacer obstrucciones de inodoros. Insertar la sección acodada de caucho hacia adentro de la abertura y darle movimiento de manivela a la manija para impulsar el espiral hacia adentro de la trampa del inodoro. Cuando la punta se encaje hacia adentro de la obstrucción, extraer con cuidado los desechos, o mover el espiral de la barrena hacia adelante y hacia atrás para desmenuzar la obstrucción.

Reparaciones eléctricas

Conocimientos básicos de electricidad

La electricidad fluye por la instalación alámbrica de una casa en forma muy similar a como corre el agua por una red de mangueras. Todo circuito eléctrico tiene un alambre "cargado", por lo general de color negro, que conduce la electricidad procedente del tablero principal de servicio hacia adentro. Un segundo alambre "neutral", por lo general blanco, la lleva de regreso a la fuente.

El trabajo de reparaciones eléctricas casi siempre consiste en cambiar clavijas, enchufes, interruptores o accesorios de iluminación. Las reparaciones eléctricas se hacen sin peligro en tanto que la energía se mantenga desconectada de los alambres en los cuales se trabaja.

Si un aparato eléctrico no funciona, verificar que el cordón esté conectado en un enchufe. Los fabricantes de aparatos eléctricos tienen la experiencia de que en más de la mitad de las llamadas que reciben para solicitar servicio, la dificultad consiste en un aparato eléctrico no conectado.

Probar si hay o no corriente eléctrica con un probador neón de circuitos de bajo costo (foto de la izquierda) antes de tocar los alambres. Si el probador de circuitos se enciende, indica que los alambres están cargados y que no deben tocarse sin protección. Cuando se prueben focos o aparatos eléctricos provistos de interruptores, asegurarse de que el interruptor se encuentre en la posición de ON (conectado). En cada trabajo de reparación eléctrica descrito en este libro, se indica un método rápido para probar la presencia o la ausencia de electricidad antes de comenzar a trabajar.

Cómo localizar el tablero principal de servicio

Tubo de entrada

1 Localice los cables de servicio en el exterior de la casa. Estos cables pasan por el medidor eléctrico, que por lo general está sobre la pared. Cerca del medidor, un tubo metálico conocido como entrada de servicio lleva el tendido de los cables por la pared y hacia adentro de la casa. Se localiza el tablero principal de servicio si se sigue la dirección que lleva el tubo de entrada de servicio por la pared y hacia el sótano o el cuarto de uso general.

Pinzas
pelacables

Pinzas
de punta

Desarmador
aislado

Probador de
continuidad

Probador neón de circuitos

Extractor de fusibles

Conectores roscados

Herramientas para reparaciones eléctricas

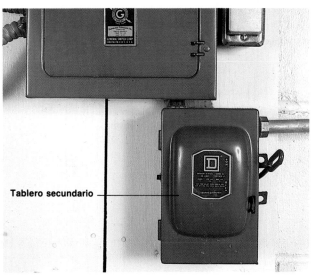

Tablero secundario

2 El tablero principal de servicio es una caja metálica conectada al tubo de entrada. Este tablero distribuye la electricidad a los circuitos, los cuales conducen la corriente eléctrica a una determinada parte de la casa. En los sistemas modernos, cada circuito está controlado por un interruptor automático. Los sistemas anteriores tienen fusibles de tapón roscado. El interruptor principal automático de circuito o el fusible principal permiten desconectar toda la energía eléctrica inmediatamente.

El tablero secundario está por lo regular junto al tablero principal de servicio, se alimenta directamente del tablero principal para proporcionar energía a los circuitos de los aparatos eléctricos, a la cochera o a cualquier construcción exterior. Si se desconecta el fusible o interruptor en el tablero principal de servicio se desconecta también la energía en el tablero secundario.

La seguridad en las reparaciones eléctricas

Para evitar choques cuando se hagan reparaciones eléctricas, desconectar la energía en el tablero principal de servicio y después probar los cables antes de tocarlos.

La electricidad es peligrosa solamente cuando fluye fuera del sistema establecido de la instalación eléctrica. La electricidad sigue la tendencia natural de regresar a la Tierra por el camino más fácil. Si hay "fugas" de energía y ésta encuentra un conductor fuera de los cables o alambres del circuito, se originan choques o incendios.

Para evitar este tipo de pérdida de energía —que se conoce como un **cortocircuito**— la red eléctrica de que se trate se apoya en un **sistema a tierra**. Si los cables del circuito fallan, el sistema a tierra se constituye en un conductor controlado para que escape la electricidad. En las instalaciones eléctricas modernas, se tienden por el sistema cables desnudos de cobre o cables aislados color verde. Estos son cables para conectarse a tierra. Cuando se hagan trabajos de reparaciones eléctricas, siempre reconéctense los cables a tierra. Antes de quitar un receptáculo antinguo de toma de corriente para dos puntas para sustituirlo por un modelo nuevo para tres puntas, verifique siempre que el sistema se encuentra conectado a tierra (página siguiente).

Si un interruptor automático de circuito se dispara, conectar los aparatos eléctricos en otros circuitos; después oprimir hasta el tope la palanca interruptora del dispositivo automático disparo a la posición de OFF (desconectado) y luego a ON (conectado). **Si un fusible se quema**, indica que los focos y los aparatos eléctricos conectados jalan más corriente de la que el circuito puede manejar con seguridad. Enchufe los aparatos eléctricos en otros circuitos; después instale un fusible nuevo. Si un fusible se quema o el interruptor automático se bota inmediatamente después de haber sido cambiado o puesto de nuevo en su posición normal, esto indica la posibilidad de un cortocircuito. Llamar inmediatamente al técnico electricista.

Cómo desconectar la electricidad antes de hacer reparaciones

Los interruptores automáticos de circuito controlan la carga de corriente en los sistemas modernos. Identifique el interruptor automático que controle los alambres en los cuales se va a trabajar. Oprima el interruptor a la posición de OFF (desconectado). **Pruebe los alambres con el probador de circuitos** antes de comenzar el trabajo de reparación.

Los fusibles controlan la carga de corriente en los sistemas anteriores de alambrado. Identifique el fusible que controla los alambres en los cuales se va a trabajar. **Sin tocar más allá del borde aislado,** desenrosque el fusible y póngalo a un lado. Los alambres se prueban con el probador de circuitos antes de comenzar el trabajo de reparación.

Los fusibles de cartucho protegen los circuitos de aparatos eléctricos mayores. **Use solamente una mano** para abrir el tablero y manejar los fusibles. Si el fusible está montado en bloque, se jala de la manija. Los fusibles montados en sujetadores tipo grapa se quitan con el extractor de fusibles.

Recomendaciones para trabajar con seguridad

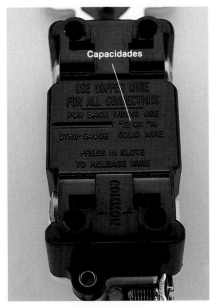

Lea las marcas de las cajas de salida y de los interruptores usados antes de comprar los repuestos. Se deben seleccionar repuestos de las mismas capacidades de voltaje y amperaje. Si el alambrado es de aluminio o si el enchufe o interruptor viejos están marcados CO/ALR, compre un repuesto similar.

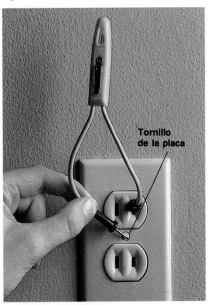

Pruebe si hay conexión a tierra mediante la inserción de una punta del probador neón de circuitos en una de las dos ranuras. Con la otra punta se toca el tornillo metálico de la tapa protectora. Repetir la prueba en la otra ranura. Si el probador se enciende, la caja de salida está conectada a tierra, y puede instalarse un nuevo enchufe para tres espigas (página 46).

Instale un interruptor de circuito por falla de tierra (GFCI) siempre que se cambie un enchufe que quede cerca de salidas de agua, de instalaciones de plomería o en exteriores. El interruptor de circuito por falla de tierra detecta los cambios de circulación de la corriente y rápidamente desconecta la electricidad en la caja de salida antes de que ocurran choques. Se recomienda instalar el interruptor de circuito por falla de tierra en cuartos de lavandería, cuartos de baño, en la cocina o en tomas de corriente exteriores.

Las clavijas de tres puntas deben usarse solamente en cajas de salida que estén conectadas a tierra. Si se emplea un adaptador de 3 puntas, se debe probar para asegurarse de que está conectado a tierra. No alterar la clavija para adaptarla a un contacto para dos puntas.

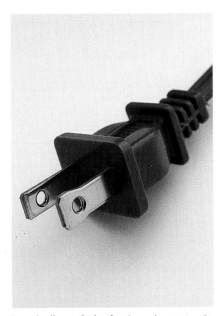

Las clavijas polarizadas tienen las puntas de distintos anchos para mantener la continuidad apropiada del circuito y dar protección contra choques. Si el enchufe no acepta clavijas polarizadas, no altere las puntas para adaptarlas a la caja de salida. Instale un nuevo enchufe (página 46) después de probar que la caja de salida está conectada a tierra.

Proteja a los niños contra la posibilidad de choques eléctricos. Coloque tapas protectoras firmes en los contactos que no se usan.

Recomendaciones y técnicas para hacer reparaciones eléctricas

Secarse las manos antes de enchufar o desenchufar aparatos eléctricos. El agua es conductora de electricidad y aumenta la posibilidad de choque.

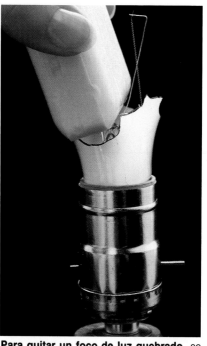

Para quitar un foco de luz quebrado, se desconecta primero la electricidad o se desenchufa la lámpara; después se inserta una pastilla de jabón, que se gira en sentido contrario a manecillas de reloj. Desechar el jabón. O bien, puede usar pinzas de punta para sujetar el filamento o la base metálica del foco.

Marcar los alambres con pequeños marbetes de cinta para recubrir antes de desconectar un contacto o un interruptor. Los alambres se unen al nuevo enchufe o al interruptor según las marcas que tienen los marbetes.

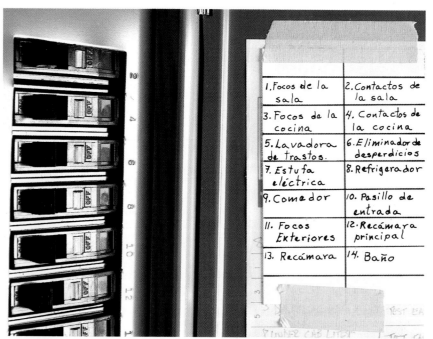

Una lista de los circuitos simplifica las reparaciones. Desconectar la corriente circuito por circuito (página 38). En cada circuito se recorre toda la casa para hacer una lista que indique cuáles cajas de salida, aparatos eléctricos y focos no tienen energía. Se anota el número del circuito en la parte de atrás de las tapas protectoras de los enchufes y de los interruptores.

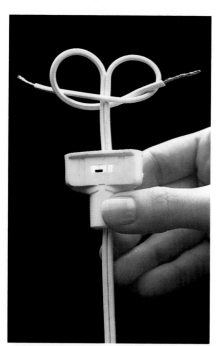

Hacer un lazo o nudo asegurador según se ilustra cuando se cambie una clavija o un cordón, si hay espacio en el cuerpo de la clavija. Esto evita que los cables se desprendan de la clavija si se jalan.

Cómo hacer conexiones eléctricas

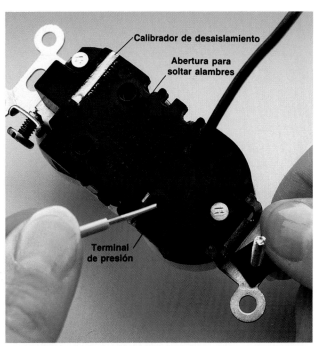

Usar pinzas pelacables cuando se necesite quitar el forro para conectar los alambres. El calibrador de desaislamiento de la parte de atrás de la caja de salida o del interruptor indica la longitud que hay que quitar del forro del cable. Se inserta el extremo aislado del cable dentro del agujero de las pinzas que ajuste mejor. Una vez que se aprietan las quijadas, se usa el dedo pulgar para apalancar la herramienta lateralmente y quitar el forro.

Se hacen conexiones rápidas en cajas de salida y en interruptores si se sigue el método de quitar la longitud de forro marcada por el calibrador de desaislamiento. Insertar los alambres desnudos en las terminales de presión. En los enchufes el cable negro se coloca adentro del agujero próximo al tornillo más oscuro. Para soltar la conexión se empuja con un clavo o la punta de un desarmador pequeño en la abertura cercana al alambre.

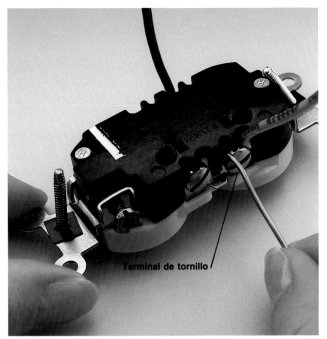

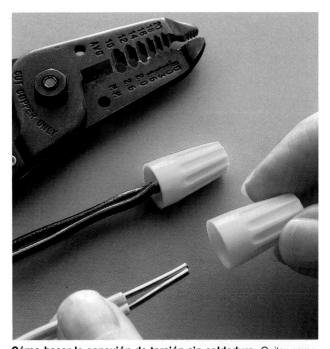

Para hacer una conexión de terminal con tornillo se sigue el método de quitar aproximadamente 2 pulgadas del forro. Después se engancha el cable en sentido de manecillas de reloj en la terminal roscada de manera que el forro aislante quede al ras del tornillo. Para lograr una conexión bien formada, se aprieta el tornillo firmemente y se dobla el alambre desnudo hacia adelante y hacia atrás hasta desprender el sobrante.

Cómo hacer la conexión de torsión sin soldadura: Quitar como 5/8" del forro del alambre. Usar un conector que se adapte al tamaño y número de cables que se conectan. Mantener paralelas y juntas las puntas del alambre de cobre y enroscarlas en el conector en sentido de manecillas de reloj hasta que los alambres desnudos queden ocultos y la conexión esté firme. Tirar ligeramente en los cables para probar la conexión.

41

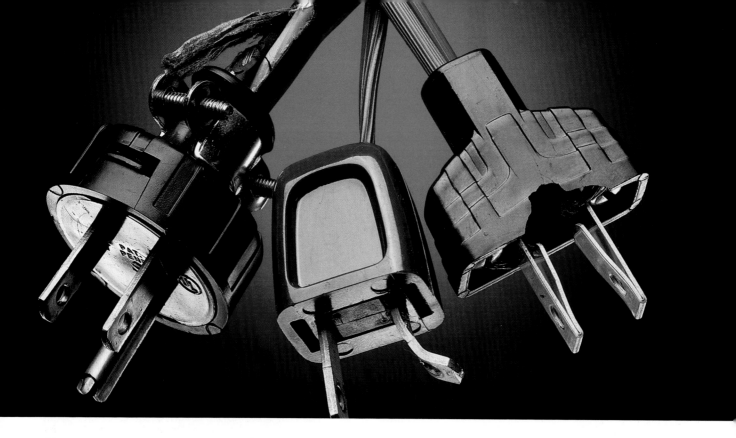

Cambio de una clavija

Cambie la clavija siempre que sus puntas estén flojas o dobladas, su caja rajada o dañada, si le falta el disco aislador, o si tiene los cables desnudos o el aislamiento gastado en el cordón cerca de la clavija.

Se fabrican varios tipos de clavijas de repuesto para cordones de lámparas y aparatos eléctricos. Las clavijas de cordón plano, que se usan en aparatos eléctricos me-

nores, tienen dos terminales roscadas. Un buen recurso de reparación urgente con los cordones planos es poner una clavija de conexión rápida. Las clavijas para cordón redondo se usan con cordones de calibre más alto, como aquellos que están provistos de un tercer cable a tierra. Seleccionar siempre un repuesto igual a la clavija defectuosa.

Antes de comenzar:

Herramientas y materiales: clavija de repuesto, pinzas pelacables, pinzas de punta, desarmador.

Cómo cambiar una clavija para cordón plano

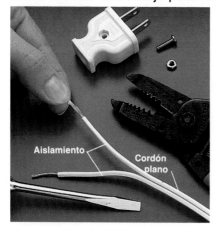

Aislamiento

Cordón plano

1 Corte con las pinzas pelacables la clavija vieja y jale hacia los lados los dos alambres del cordón plano para separarlos. Con las pinzas pelacables quite a cada cable aproximadamente ³/₄ de pulgada del aislante.

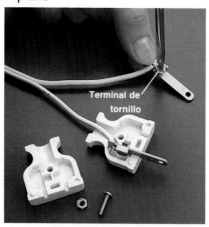

Terminal de tornillo

2 Quite la tapa de la caja. Tuerza y junte los hilos sueltos del alambre de cobre desnudo. Enganche los alambres de cobre en sentido de manecillas de reloj alrededor de las terminales roscadas y apriételas firmemente.

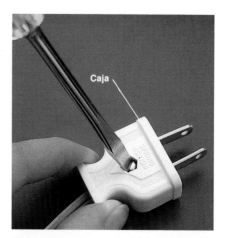

Caja

3 Ensamble de nuevo la caja de la clavija. Cambie la placa aislante protectora, si la lleva la clavija.

Cómo armar una clavija de conexión rápida

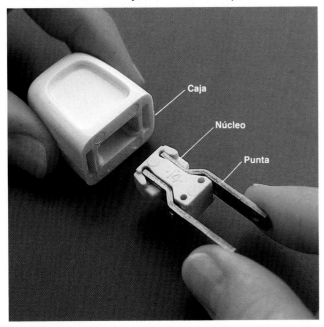

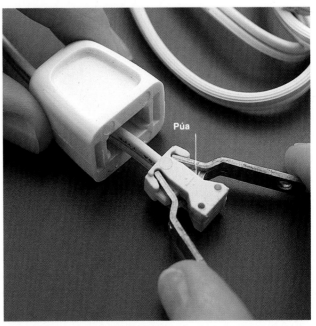

1 Apriete con fuerza las dos espigas de la clavija nueva para juntarlas ligeramente; jale el núcleo de la clavija. Corte con las pinzas pelacables el alambre de la clavija vieja para que quede una punta cortada pareja.

2 Empuje el cordón plano por atrás de la caja de la clavija. Abra las puntas e inserte el alambre hacia adentro de la abertura en la parte de atrás del núcleo. Apriete las dos puntas, las dos púas de las puntas dentro del núcleo penetran en el cordón para hacer contacto con los alambres de cobre. La caja se desliza por arriba del núcleo de la clavija hasta que el núcleo se asienta en su lugar.

Cómo cambiar una clavija para cordón redondo

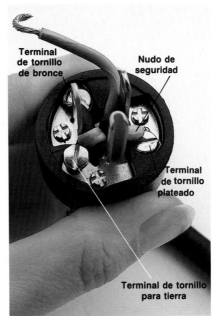

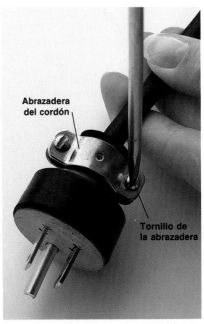

1 Corte la clavija vieja con las pinzas pelacables y deséchela. Quite el aislante exterior del cordón redondo. Se quita aproximadamente te ³/₄ de pulgada del forro en cada punta del alambre. El disco aislante de la nueva clavija también se quita. El cordón se empuja por atrás de la nueva clavija.

2 Haga lazo o nudo asegurador en los cables negro y blanco (página 40). Usar pinzas de punta delgada para enganchar la punta de cobre del cable negro en sentido de manecillas de reloj alrededor del tornillo de bronce y la punta del cable blanco alrededor del tornillo plateado. En la clavija de 3 puntas, conectar el tercer alambre al tornillo para tierra.

3 Apriete los tornillos firmemente, asegurándose de que los alambres de cobre no se tocan. Cambiar el disco aislante. Si la clavija tiene grapa para el cordón, apretar firmemente sus tornillos.

Cambio de un portafoco

Después de la clavija, la parte que causa dificultades con mayor frecuencia es un portafoco desgastado. Cuando falla el conjunto de piezas de un portafoco, el problema por lo general consiste en el mecanismo del interruptor, aunque el repuesto puede tener otras piezas que no se necesitan.

El desperfecto de la lámpara puede no ser el portafoco. Se evitan reparaciones innecesarias si se revisan el cordón de la lámpara, la clavija y el foco antes de cambiar el portafoco.

Antes de comenzar:

Herramientas y materiales: portafoco de repuesto, probador de continuidad, desarmador.

Un buen consejo: Cuando se requiera sustituir un portafoco, cambie el que tenga mecanismo estándar de encender y apagar por uno que sea de tres pasos.

Tipos de portafoco

Los portafocos con interruptores integrados por lo general son intercambiables. Seleccione el repuesto que prefiera. Se muestran en el sentido de las manecillas de reloj a partir de arriba a la izquierda: de clavija, de apagador estándar, de cadenilla de tiro, de botón.

Cómo reparar o cambiar un portafoco

Lengüeta de contacto

Casquillo exterior

Casquillo aislante

Terminal de tornillo

1 Desenchufe la lámpara. Quite la pantalla, el foco y el soporte (portapantalla). Con un desarmador pequeño se raspa la lengüeta de contacto. Levante ligeramente con el desarmador la lengüeta de contacto si se encuentra aplanada dentro del portafoco. Cambie el foco, enchufe la clavija y pruebe. Si la lámpara no enciende, entonces se desenchufa, se le quita el foco y se continúa con el siguiente paso.

2 Oprima con fuerza el casquillo exterior del portafoco cerca de la marca que indica PRESIONAR, para separarlo. En lámparas viejas, el portafoco está fijado con tornillos que se encuentran en la base del mismo. Quite el casquillo aislante de cartulina. Si el casquillo se encuentra dañado, cambiar todo el portafoco.

3 Revise que no estén flojas las terminales de los alambres. Asegure de nuevo las conexiones flojas; después ensamble de nuevo la lámpara y pruébela. Si las conexiones no están flojas, se desconectan los alambres, se quita el portafoco y se continúa con el siguiente paso.

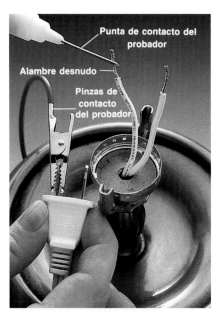

Punta de contacto del probador

Alambre desnudo

Pinzas de contacto del probador

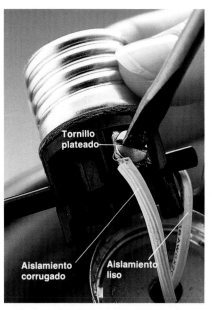

Tornillo plateado

Aislamiento corrugado

Aislamiento liso

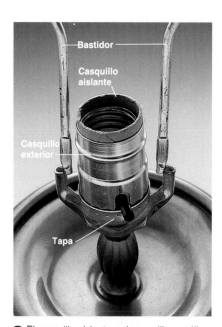

Bastidor

Casquillo aislante

Casquillo exterior

Tapa

4 Con el probador de continuidad detecte las averías en el cordón de la lámpara. Ponga las pinzas de contacto del probador en una de las puntas de la clavija. Tocar con la punta de probar a una terminal desaislada; después, la otra. Se repite la prueba con la otra punta de la clavija. Si el probador no se enciende, se debe cambiar el cordón y la clavija. Vuelva a probar la lámpara.

5 Si el cordón y la clavija funcionan bien, cambie el portafoco; instale uno que tenga la misma capacidad de amperes y volts del portafoco viejo. Uno de los dos alambres del cordón plano está revestido de aislante corrugado o marcado; este alambre se conecta a la terminal roscada plateada. El otro se conecta a la terminal de bronce.

6 El casquillo aislante y el casquillo metálico exterior se deslizan por arriba del portafoco de manera que éste y las terminales roscadas queden completamente tapados; el interruptor se debe acomodar adentro de la ranura del casquillo. Apriete el conjunto del portafoco dentro de su base metálica. Coloque de nuevo el portapantalla, el foco y la pantalla.

Cambio de un enchufe

Un enchufe se cambia cuando ya no sujeta la clavija, si ya no conduce corriente eléctrica o cuando los contactos interiores presentan señales de corrosión. Si el fusible se quema o el interruptor automático de circuito se bota cuando se conecta un aparato eléctrico dentro de un determinado enchufe se debe cambiar de inmediato.

Es conveniente cambiar un enchufe antiguo por uno nuevo aun cuando todavía funcione. En los enchufes antiguos para dos puntas no entran las clavijas de los aparatos eléctricos modernos. Instale un dispositivo moderno de protección conocido como interruptor de circuito por falla de tierra; se instala en enchufes que quedan cerca de una llave de agua o de tubos del sistema de suministro de agua.

Antes de comenzar:

Herramientas y materiales: enchufe de repuesto, probador de circuitos, desarmador, cinta de recubrimiento.

Tipos de enchufes estándar

Los enchufes de 2 ranuras deben ser cambiados por contactos para clavija de tres puntas; asegúrese antes de que el enchufe se encuentre conectado a tierra (página 39). Si no hay conexión a tierra, llamar a un técnico electricista para que corrija esta deficiencia en la caja de salida.

Los enchufes conectados a tierra tienen dos ranuras y una perforación. Adquiera un enchufe de repuesto con las mismas capacidades de amperes, volts y diámetro de alambre del receptáculo viejo (página 39).

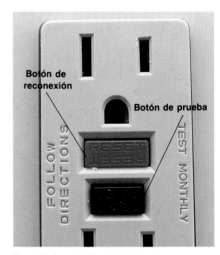

Botón de reconexión

Botón de prueba

FOLLOW DIRECTIONS

TEST MONTHLY

El enchufe con interruptor de circuito por falla de tierra (GFCI) es sensible a las variaciones muy pequeñas de la corriente e interrumpe la electricidad antes de que ocurra choque eléctrico. El interruptor de circuito por falla de tierra se instala según el mismo método que se sigue para instalar el contacto estándar para 3 puntas. El interruptor de circuito por falla de tierra se debe probar una vez al mes; para esto, sólo se oprime el botón de prueba. El botón de reactivación se bota hacia arriba si el recontacto funciona correctamente.

Cómo cambiar un enchufe

1 Desconecte la corriente que llega a la caja del contacto en el tablero principal de servicio (página 38). Quite la tapa protectora. Para probar que no hay corriente, se ponen con cuidado las puntas del probador de circuitos en las terminales superiores a los lados del receptáculo. La prueba se repite en los tornillos inferiores. Si el probador no enciende, se pueden tocar los cables sin peligro alguno.

2 Afloje los tornillos de montaje y sujete las aletas metálicas de montaje para sacar con cuidado el enchufe de la caja. Con unos marbetes pequeños hechos de cinta para recubrir se marca dónde se conecta cada alambre en el contacto.

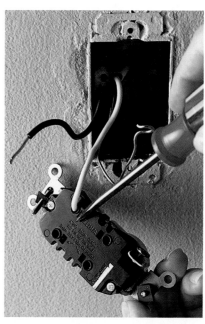

3 Inserte las punta de un desarmador pequeño hacia adentro de la ranura de liberación para soltar las conexiones de presión; o afloje las terminales roscadas para quitar el enchufe de los cables.

4 Seleccione un contacto de repuesto con las mismas capacidades normales del enchufe viejo. Conecte los alambres al contacto (página 41). Las marcas de los marbetes de cinta se toman como guía.

5 Conecte el alambre desnudo de cobre o el cable aislado de color verde a la terminal roscada para tierra. Si la caja está provista de dos alambres para tierra, se conecta el cable verde al tornillo para tierra y después se conecta el cable flexible a ambos alambres mediante un conector roscado de torsión.

6 Monte de nuevo el contacto dentro de la caja, para lo cual se introducen con cuidado los alambres. Apriete los tornillos de montaje y coloque la tapa protectora.

Cambio de un interruptor de pared

Los interruptores de pared fallan cuando se aflojan las conexiones de los cables, o cuando sus partes mecánicas se desgastan.

Comience la reparación con la revisión de las conexiones. Dos o más cables están unidos al cuerpo del interruptor insertados a presión o conectados con tornillos. Detrás del cuerpo del interruptor, hay conectores roscados que unen otros cables similares, incluidos los cables para la conexión a tierra.

Cambie el interruptor si le saltan chispas o si falla en su funcionamiento. Los interruptores se identifican por el número de terminales que tengan en el cuerpo de la unidad. Los interruptores de un solo polo tienen dos terminales (y a veces un tercer tornillo para conexión a tierra). Los interruptores de tres y de cuatro puntos tienen terminales roscadas adicionales. Se usan para conectar un foco o un enchufe y accionarlo desde dos o tres lugares distintos. Cuando requiera cambiar un interruptor, seleccione siempre un repuesto similar que coincida con la pieza usada.

Antes de comenzar:

Herramientas y materiales: desarmador, probador de circuitos, interruptor de repuesto, probador de continuidad, conectores roscados.

Un buen consejo: Si el probador de continuidad indica que el interruptor no está defectuoso, la falla probablemente se encuentre en la conexión de la lámpara o en la caja de salida controlada por el interruptor.

Cómo cambiar un interruptor de pared

Terminal de tornillo
Tornillo de montaje
Cejilla de montaje

1 Desconecte la corriente eléctrica hacia el interruptor en el tablero principal (página 38). Quite la tapa protectora. Afloje los tornillos de montaje y sujete las aletas metálicas de montaje para jalar con cuidado el interruptor y sacarlo de la caja. No toque los alambres desnudos ni las terminales roscadas.

Caja metálica

2 Para probar si hay corriente eléctrica, se pone en contacto una punta del probador de circuitos con la terminal roscada conectada al cable negro. La otra punta se pone en el tornillo para tierra o en el alambre desnudo de cobre, o en contacto con la caja metálica. Repita la prueba con las demás terminales. Si el probador no enciende en ninguno de estos contactos, los alambres se pueden tocar sin peligro alguno.

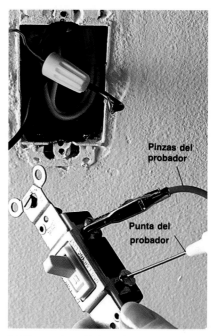

3 Revise todas las conexiones de los alambres. Si están flojas, se aprietan de nuevo, se vuelve a colocar el interruptor a la caja y se prueba. Si las conexiones no están flojas, se continúa con el siguiente paso.

Conexión de alambres

4 Marque con cuidado los puntos donde se conectan los alambres al interruptor. Suelte los alambres para separar el interruptor.

5 Para probar el interruptor, ponga en contacto las pinzas del probador de continuidad con una de las terminales y toque con la punta de contacto el otro tornillo. Mueva ligera y rápidamente el botón. Si el probador no enciende, cambie el interruptor. (En el caso de interruptores de tres y cuatro terminales, se ponen en contacto las pinzas y la punta del probador con las terminales de distintos colores.)

Pinzas del probador

Punta del probador

6 Si hay desperfecto en el interruptor, en ese caso se selecciona un repuesto con las mismas capacidades normales del interruptor viejo. Conecte los alambres al nuevo interruptor. Si este interruptor tiene un tornillo verde para tierra, asegúrese de que quede conectado al alambre para tierra de la caja de salida.

Tornillo a tierra

Capacidades nominales

7 Monte nuevamente el interruptor dentro de la caja e introduzca con cuidado los alambres. Apriete los tornillos de montaje y fije la tapa protectora.

Tornillo de montaje

El interruptor con reductor de luz se instala según el mismo procedimiento. Debe tener el mismo número de alambres o terminales que el interruptor viejo. En el caso que tenga tres terminales, el alambre rojo del reductor se conecta al alambre negro del circuito. Si el reductor tiene alambre verde para tierra, debe conectarse al alambre para tierra del circuito o a la caja metálica de salida.

Cambio de un arillo portafoco

El cambio de un arillo de montaje en la pared o en cielo raso es una de las reparaciones eléctricas más fáciles. Por lo general, el arillo tiene solamente dos alambres, conectados por medio de conectores roscados. Utilice siempre una escalera firme cuando trabaje en el cielo raso y que alguien le ayude con los accesorios pesados.

Antes de comenzar:

Herramientas y materiales: desarmador, probador de circuitos, probador de continuidad, apagador nuevo, conectores roscados.

Un buen consejo: Para evitar reparaciones innecesarias, revise primero que el foco no esté fundido, que esté enroscado apropiadamente y que la lengüeta dentro del portafoco no esté aplanada. Pruebe la continuidad en el foco.

Cómo cambiar un arillo portafoco

Caja

Conector roscado

Probador de circuitos

1 Desconecte la corriente eléctrica hacia el arillo portafoco en el tablero principal de servicio (página 38). Afloje los tornillos de retencion para quitar la base. Quite los tornillos de sujeción o gire ligeramente el arillo para zafarlo de los tornillos aflojados. Jale con cuidado este accesorio para retirarlo de la caja de salida y tener a la vista los alambres.

2 Desenrosque los conectores; tenga cuidado de no tocar los alambres. Para probar si tienen corriente, toque con una punta del probador de circuitos el alambre negro desnudo. Con la otra punta de contacto toque el alambre blanco desnudo, después toque la caja metálica. Mueva lenta y rápidamente el interruptor y repita la prueba. Si el probador no se enciende en ningún caso, los alambres se pueden tocar sin peligro alguno.

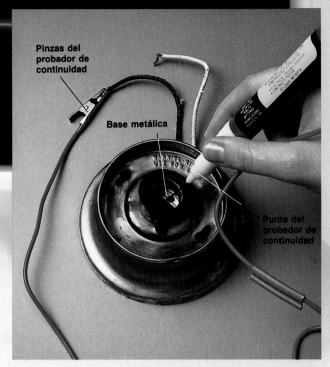

Pinzas del
probador de
continuidad

Base metálica

Punta del
probador de
continuidad

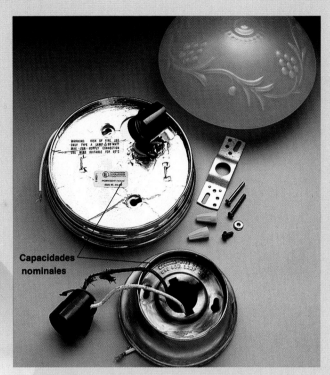

Capacidades
nominales

3 Destuerza los alambres para quitar el arillo portafoco. Ponga las pinzas del probador de continuidad en contacto con el alambre negro desnudo y con la otra punta toque la lengüeta metálica de contacto. Pase las pinzas de contacto al alambre blanco y toque con la punta la base metálica del portafoco. Si el probador no se enciende en ningún punto de contacto, en ese caso se necesita cambiar el accesorio.

4 Seleccione un repuesto con las mismas capacidades normales del accesorio viejo. Para evitar que se tenga que reparar el cielo raso, adquiera un arillo portafoco con la base tan ancha o más ancha que la base del accesorio viejo. Siga las instrucciones del fabricante para hacer la instalación.

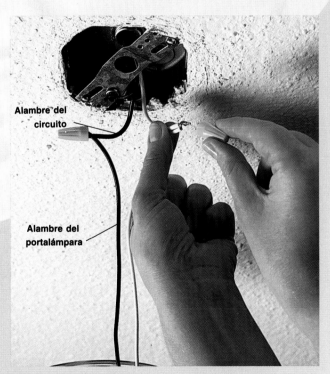

Alambre del
circuito

Alambre del
portalámpara

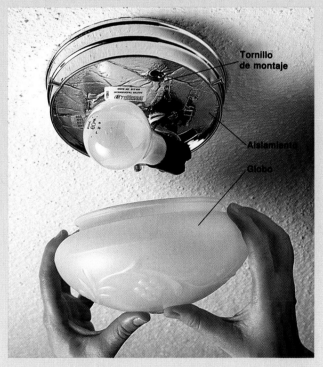

Tornillo
de montaje

Aislamiento

Globo

5 Junte y tuerza los hilos metálicos de cobre del cable negro. Utilice un conector roscado para conectar al alambre negro del circuito. Haga lo mismo con los hilos del cable blanco. Después se conecta al alambre blanco del circuito.

6 Verifique todo el aislamiento del nuevo accesorio para ver que se encuentre en orden. Doble con cuidado los alambres hacia adentro, después coloque el arillo portafoco al ras con la caja de salida. Ponga los tornillos de montaje y apriételos. Colocar de nuevo el foco y el globo.

Puertas y ventanas

Reparación de puertas y ventanas

El ochenta por ciento de todos los desperfectos en puertas y ventanas se originan por falta de lubricación. Las partes movibles de las puertas se deben limpiar con una combinación de solvente y lubricante que se aplica con un atomizador. Las carrileras en ventanas de guillotina y de aluminio se limpian con un cepillo de dientes viejo y un trapo para quitar el polvo, o con una aspiradora portátil. Para las carrileras de las ventanas se usa un lubricante sin grasa que contenga silicio o grafito.

Pistola térmica

Espátula

Espátula dentada para pintura

Puntas de vidriar

Lengüeta para ventanas

Rodillo acanalado para lengüeta

Herramientas para reparar puertas y ventanas.

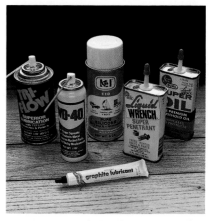

Limpiadores y lubricantes, de izquierda a derecha: solvente y lubricante en aerosol, aplicación penetrante en aerosol, silicio con pulverizador, aceites penetrantes; grafito en polvo (al frente).

Recomendaciones para limpiar y lubricar

Limpiar las carrileras de puertas y ventanas corredizas con aspiradora manual y un cepillo para dientes usado. Es común que se acumule la mugre en las carrileras de guardaventanas.

Limpiar los gualdrines con líquido limpiador en aerosol y quitar con un trapo la mugre. Con un solvente se quita la pintura que atora las ventanas. Una pequeña cantidad de lubricante evita que se atoren las ventanas.

Lubricar las cerraduras y las bisagras una vez al año, para lo cual es necesario desarmar estos accesorios y rociar las piezas con solvente lubricante. Lubricar las cerraduras nuevas antes de instalarlas.

Cómo limpiar y lubricar puertas corredizas

Tornillo de montaje

1 Limpie las carrileras con un cepillo para dientes usado y un trapo húmedo o con aspiradora manual.

2 Aplique el solvente lubricante en todos los rodillos. Cambie las partes dobladas o desgastadas.

3 Examine el hueco a lo largo del borde interior de la puerta para verificar que esté parejo. Para nivelar esta abertura, se gira el tornillo de montaje para alzar o bajar el borde.

Cómo lubricar y ajustar puertas de dos hojas

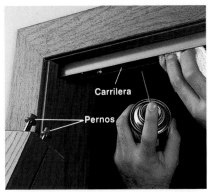

Carrilera

Pernos

Bloque de pivote

Bloque de pivote

1 Abra o desmonte las puertas para limpiar las carrileras con un trapo limpio. Aplicar un lubricante sin grasa a la carrilera y los rodillos o pernos.

2 Verifique el alineamiento de las puertas cerradas dentro de su marco. Si la separación que queda con la puerta cerrada no es pareja, ajuste los bloques superiores de pivote con un desarmador o con una llave.

Los bloques ajustables de pivote también se localizan en la parte inferior de algunos modelos de puertas. Ajuste el bloque de pivote hasta que la separación entre la puerta y el marco sea pareja.

Cómo lubricar puertas de cocheras

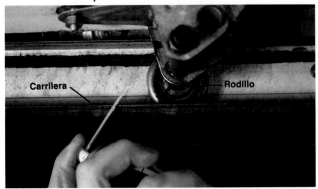

Carrilera

Rodillo

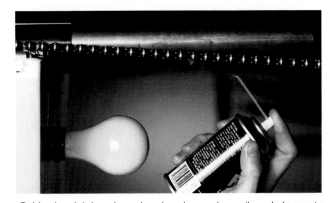

1 Limpie los rodillos y las carrilleras de la puerta con un trapo; después rocíelos con lubricante. Apriete los tornillos y tuercas flojos. **No** intente ajustar los resortes de acero; están bajo alta tensión y deben ser ajustados por un profesional.

2 Limpie y lubrique la cadena impulsora y la carrilera de la puerta automática. Lea las instrucciones del fabricante sobre las indicaciones adicionales de mantenimiento.

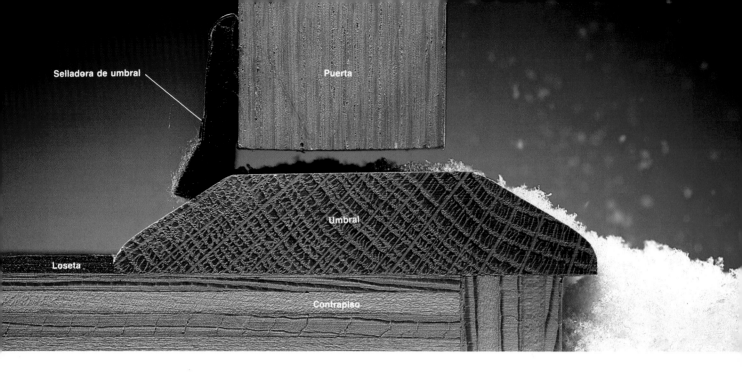

Selladora de umbral

Puerta

Umbral

Loseta

Contrapiso

Instalación de gualdrines modernos

Los gualdrines tapan las rendijas que quedan entre partes movibles o ensambladas — entre una ventana y su marco o entre una puerta y su marco o umbral. Los gualdrines le dan protección exterior a una casa contra la mugre, los insectos y el aire frío, y mantienen el aire acondicionado (caliente o frío) en el interior de la casa. Sirven también para silenciar puertas y ventanas que rechinan. chinan.

La instalación moderna de gualdrines es siempre una buena inversión. El dinero que se ahorra en el gasto de combustibles en una sola temporada de calefacción supera en gran medida el costo de adquisición de los gualdrines.

Los gualdrines se fabrican de distintos materiales: hule espuma, vinilo o plástico. La mayoría de los diferentes tipos se venden en juegos completos, con todos los clavos y tornillos necesarios para su instalación.

Antes de comenzar:

Herramientas y materiales: nuevos gualdrines, martillo, desarmador, tijeras para hoja de lata, sierra para cortar metales, taladro, palanca.

Tipos de gualdrines

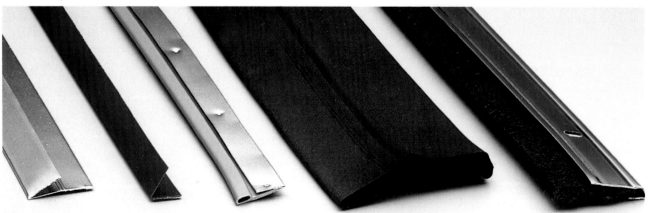

Metal flexible funciona como un sello entre la puerta y su marco.

Vinilo adhesivo *pueden usarse tiras en V en puertas y ventanas.*

Metal y vinilo con fieltro para fijarlo al marco de la ventana.

Para puerta de cochera da protección exterior contra el agua, la mugre y los insectos.

Barredora de puertas tapa la abertura entre la puerta y el umbral.

Cómo instalar en la puerta una tira barredora

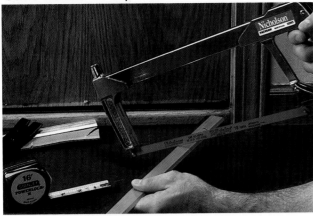

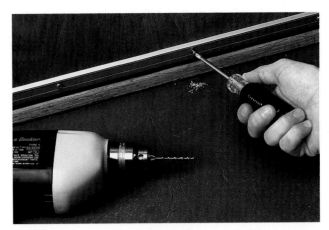

1 Mida el ancho de la puerta. Corte con segueta una nueva tira de barredora de manera que quede ⅛ de pulgada más angosta que el ancho de la puerta.

2 Taladre barrenos piloto para los tornillos; después fije con tornillos la tira en el interior de la puerta para que el fieltro o vinilo selle la abertura debajo de la puerta. Las perforaciones ovaladas permiten efectuar el ajuste necesario.

Cómo instalar gualdrines en puertas de cocheras

1 Quite con una palanca el gualdrín rajado o endurecido; saque también los clavos viejos.

2 Corte el nuevo gualdrín a la medida de la puerta. Clave la tira a la parte inferior de la puerta. Utilice clavos galvanizados resistentes a la corrosión.

Cómo instalar en las puertas gualdrines metálicos flexibles

1 Corte tiras a la medida de la parte superior y de los dos lados del marco de la puerta (jamba). Abra las caras de las tiras en V hacia afuera.

2 Clave las tiras en su lugar con una pequeña abertura entre el metal y el tope de la puerta. El metal comprime y sella las fugas de aire cuando la puerta se cierra.

3 Con un desarmador como palanca, levante un poco la tira para verificar que el sello está apretado. Haga esta prueba antes de cada temporada de frío, porque el gualdrín pierde gradualmente su flexibilidad.

Cómo instalar gualdrines en V de vinilo adhesivo

Marco lateral

Marco inferior

Canales

1 Limpie los marcos y las ranuras de las ventanas con un trapo seco. Quite cualquier gualdrín que esté desgastado.

2 Corte los gualdrines de vinilo en V para las ranuras de las ventanas. Los gualdrines deben ser 2 pulgadas más largos que el marco de la ventana. Pliegue cada gualdrín para darle forma de V.

Resquicio

Canal

3 Abra completamente la ventana inferior. Introduzca el extremo superior de los gualdrines en V hacia adentro de las rendijas entre la ventana y la ranura, con la V abierta de frente hacia afuera. Desprenda el revestimiento desde la parte inferior y oprima el gualdrín en V para colocarlo en su lugar.

4 Corte el gualdrín a la medida del marco inferior. Desprenda el revestimiento y oprima el gualdrín en V dentro del marco inferior.

Travesaño

Tira en V abierta

5 Corte el gualdrín en V a la medida del travesaño de cierre de la ventana superior. Pliegue el gualdrín; después, desprenda el recubrimiento.

6 Oprima el gualdrín en V hacia adentro para colocarlo en su lugar. La V abierta del gualdrín debe quedar de frente hacia abajo. En ventanas de guillotina más modernas, la ventana inferior se puede quitar para instalar los gualdrines en V.

Cómo instalar gualdrines metálicos y de vinilo

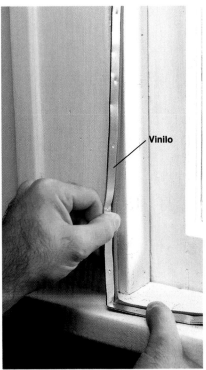

Vinilo

1 Corte el gualdrín a la longitud apropiada para sellar toda la abertura con una sola pieza.

2 Doble el gualdrín en ángulo recto para que se adapte a los rincones. Apriete el gualdrín contra el marco de la ventana para que el vinilo se comprima ligeramente.

3 Fije el gualdrín con clavos alrededor de la abertura. En los rincones, clave cerca de la esquina para que quede bien sellado.

Reparación de ventanas flojas o que se atoran

Las ventanas se atoran porque las ranuras o deslizaderas necesitan limpiarse y lubricarse o cuando se pintan estando cerradas.

Las ventanas flojas que no permanecen abiertas probablemente tienen dañados los cordones o cadenas en los marcos.

Las ventanas de guillotina más modernas se mantienen balanceadas por medio de resortes, y están provistas de tornillos de ajuste que controlan el movimiento de la ventana.

Antes de comenzar:

Herramientas y materiales: espátula dentada para pintura o cuchilla de uso general; martillo, desarmador, palanca pequeña, cordón para marcos de ventanas.

Consejos para reparar una ventana que se atora

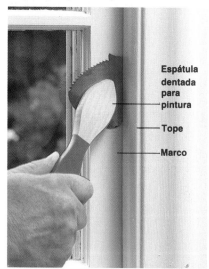

Espátula dentada para pintura

Tope

Marco

Cortar la película de pintura, si la ventana se pinta cerrada. Introducir una espátula dentada o una cuchilla dentro de la rendija entre el tope y el marco de la ventana.

Marco

Colocar un bloque de madera a lo largo del marco de la ventana. Golpear ligeramente con un martillo para que se afloje.

Cómo ajustar ventanas de resortes

Inserto de carrillera

Ajustar el tornillo que se encuentra sobre el inserto de la carrilera. Girar el tornillo hasta nivelar correctamente la ventana.

Cómo cambiar los cordones rotos de marcos de ventanas

1 Corte cualquier sello de pintura que haya entre el marco y los topes de la ventana, con una cuchilla o una espátula dentada. Con una palanca levantar los topes para separarlos de la ventana, o quitar los tornillos.

2 Doble los topes con una curva ligera en el centro del marco para quitarlos. Quite cualquier gualdrín metálico que haya, para lo cual se sacan los clavos que lo sujeta en las ranuras.

3 Deslice hacia afuera la ventana inferior. Jale los cordones anudados o clavados que están dentro de los agujeros en los marcos laterales de la ventana.

4 Levante con una palanca o desenrosque la tapa de la caja del contrapeso que se encuentra en el extremo inferior de la ranura de la ventana. Saque del interior de la caja el contrapeso. Quite el cordón viejo del contrapeso del marco de ventana.

5 Ate un tramo de cuerda a un clavo pequeño. El otro extremo de la cuerda se ata al cordón nuevo del marco de ventana. Pase el clavo por arriba de la polea y déjelo que caiga hacia adentro de la caja del contrapeso. Recupere el clavo y la cuerda por la caja abierta.

6 Jale la cuerda para tender el cordón nuevo por arriba de la polea y por la caja del contrapeso. El nuevo cordón debe correr suavemente por arriba de la polea.

7 Sujete el extremo del nuevo cordón del marco al contrapeso con un doble nudo apretado. Regrese el coantrapeso a la caja abierta y jale el cordón del marco de la ventana para elevar nuevamente el contrapeso contra la polea.

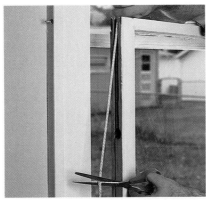

8 Apoye la ventana inferior sobre el umbral. Sujete fuertemente el cordón contra el lado de la ventana, y corte un tramo suficiente para que quede 3 pulgadas más allá del agujero en el marco lateral de la ventana.

9 Anude el cordón del marco y colóquelo dentro del agujero que está en el marco de la ventana. Coloque nuevamente la tapa de la caja. Deslice de nuevo la ventana y los gualdrines hacia adentro del marco. Clave los gualdrines y coloque de nuevo los topes.

Cambio de vidrios

Para cambiar un vidrio quebrado, primero se quitan el mástique y las puntas de vidriar, después se saca el vidrio con cuidado. Tome y lleve apuntadas las medidas exactas de la abertura a la vidriería. El vidrio de repuesto debe tener $1/4$ de pulgada menos en cada dirección que la abertura real. Esto permite contar con un espacio de expansión de $1/8$ de pulgada en cada borde del vidrio instalado.

La madera desnuda se sella antes de instalar vidrio nuevo para evitar que se pudra y para asegurarse de que la masilla o mástique no se seque antes de tiempo. Hay nuevos tipos de compuesto que se aplican con pistola de calafatear, con los cuales es más fácil trabajar con la masilla de viejo estilo.

Cómo instalar vidrios nuevos

1 Empuje el marco de la ventana contra las ranuras del vinilo flexible cuando necesite quitar ventanas de guillotina; así se sueltan los pernos de las ranuras. Las ventanas de guillotina más viejas se pueden reparar con la ventana apoyada en su marco.

2 Con cuidado, para no chamuscar la madera, ablande la masilla vieja con una pistola térmica o con un soplete. Raspe y quite el mástique ablandado con una espátula. En ventanas más modernas, levante las tiras de vinilo que sostienen el vidrio.

3 Quite el vidrio quebrado y las puntas metálicas de vidriar; después lije las ranuras en forma de L para eliminar la pintura y masilla. Proteja la madera desnuda con una mano de sellador y espere hasta que se seque.

4 Aplique una capa delgada de compuesto para vidriar en las ranuras que recibieron apresto sellador. Con la punta de la espátula, coloque a presión nuevas puntas de vidriar cada 10 pulgadas.

5 Aplique compuesto de vidriar. La punta del tubo se pasa a lo largo del borde del vidrio al mismo tiempo que se oprime uniformemente el gatillo. Alise el mástique con el dedo o con un trapo húmedo.

6 El látex puede pintarse el mismo día. Aplique la pintura $1/16$ de pulgada por sobre el vidrio para mejorar su acción protectora contra la intemperie.

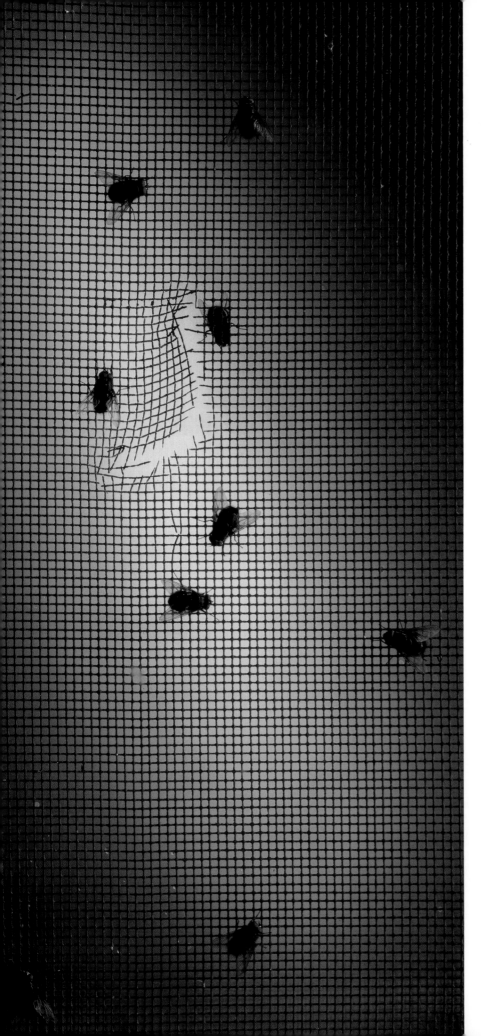

Cambio de mosquiteros

La vieja tela metálica se puede cambiar por la nueva tela de fibra de vidrio de protección contra la luz solar. Esta tela impide la entrada de la luz solar para mantener la casa más fresca y evitar que las telas pierdan su color. Las telas mosquiteras modernas resisten la corrosión y no requieren mantenimiento.

Antes de comenzar:

Herramientas y materiales: para marcos de madera: escoplo pequeño o desarmador, cuchilla de uso general, tela mosquitera, engrapadora o tachuelas, clavos pequeños, martillo.

Herramientas y materiales para marcos de aluminio: desarmador, tela mosquitera, lengüeta de vinilo, rodete para colocar lengüeta de relleno, cuchilla de uso general.

Consejo para reparar tela metálica mosquitera: Para facilitar su manejo, la tela metálica se corta más grande que la abertura, y se recorta hasta después de colocar las baguetas.

Cómo cambiar la tela metálica mosquitera de un marco de madera

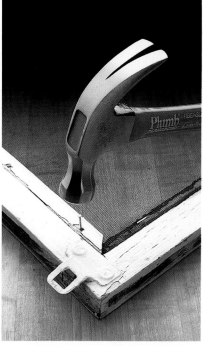

1 Levante el marco de la tela metálica con un cincel o desarmador. Si el marco está sellado con pintura, use una cuchilla para cortar la película de pintura y soltar el marco.

2 Restire con firmeza la nueva tela mosquitera a través del marco, para sujetarla en su lugar con grapas o tachuelas.

3 Fije de nuevo en su lugar el marco de la tela con alfilerillos de alambre. Corte la sección sobrante de la tela con una cuchilla (página contraria).

Cómo cambiar la tela metálica mosquitera de un marco de aluminio

1 Levante con un desarmador como palanca la tira de empaque de las ranuras alrededor del borde del marco. Aproveche el mismo empaque si todavía está flexible; si no, cambie la tira de empaque.

2 Restire firmemente la nueva tela mosquitera por arriba del marco para recubrir las ranuras de retención.

3 Utilice un rodete en la instalación del empaque y la tela adentro de las ranuras. Corte el sobrante de tela mosquitera con una cuchilla (página contraria).

Reparación de una cerradura

La mayoría de las dificultades en el funcionamiento de las cerraduras se corrigen con la eliminación de la mugre que se les acumula, y después con la lubricación de las partes interiores con un solvente y lubricante de uso general.

Cuando una puerta no cierra con el pestillo aun cuando la cerradura funciona suavemente, los desperfectos se deben buscar en la madera, las bisagras, en la hembra de cerrojo o en el marco (páginas 68-71).

Antes de comenzar:

Herramientas y materiales: desarmador, atomizador para el solvente y lubricante.

Un buen consejo: Si se desprende del husillo la manija de una cerradura de paso muy usada, gire la manija a una posición distinta en el husillo y apriete de nuevo el tornillo opresor.

Cómo limpiar y lubricar una cerradura

Tornillo opresor

Eje

Perilla

Caja de la cerradura

Placa guía

Cerradura de paso vieja. Se afloja el tornillo opresor de la manija para quitar las manijas y el husillo. También se aflojan los tornillos de la placa de sujeción y con una palanca se saca la cerradura de la puerta. Quitar la tapa o placa de sujeción de la cerradura. Rociar solvente lubricante en todas las piezas. Quitar el lubricante que sobre y ensamblar de nuevo la cerradura.

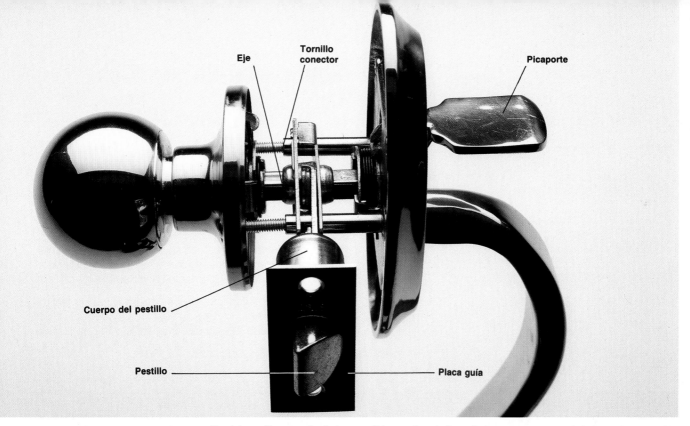

Eje

Tornillo conector

Picaporte

Cuerpo del pestillo

Pestillo

Placa guía

Las cerraduras cierran por la extensión del **pestillo** a través de la **placa de sujeción** hacia adentro de la hembra del cerrojo que está adentro del marco de la puerta. El pestillo se desplaza hacia atrás y hacia adelante por medio de un **husillo** o varilla de conexión accionada por el **picaporte**, la **manija**, o en donde entra la llave.

Si la manija o la llave de la puerta se atora al girar, por lo general la dificultad está en el **mecanismo del husillo y del pestillo**. La limpieza y lubricación de las partes movibles corrigen la mayoría de estos problemas.

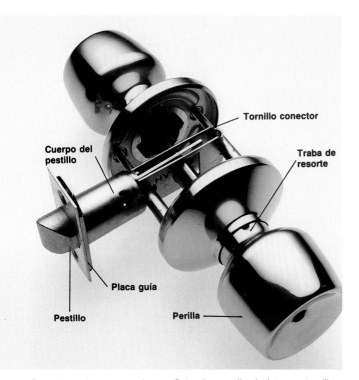

Tornillo conector

Traba de resorte

Cuerpo del pestillo

Placa guía

Pestillo

Perilla

Cerradura de paso moderna. Quitar las manijas (sujeta con tornillos de conexión o retén de resorte). Aflojar los tornillos de retención para quitar la placa de sujeción y el eje del pestillo. Rociar lubricante y solvente en todas las piezas. Eliminar el exceso de lubricante y ensamblar de nuevo la cerradura.

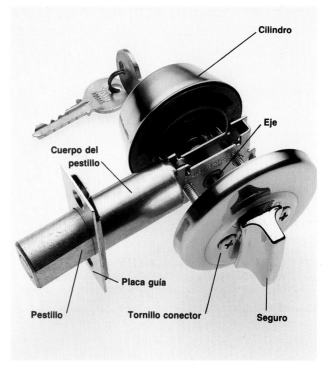

Cilindro

Eje

Cuerpo del pestillo

Placa guía

Pestillo

Tornillo conector

Seguro

Cerraduras de seguridad. Aflojar los tornillos de conexión para quitar los cilindros interiores y exteriores. Se aflojan los tornillos de retención para quitar la placa de sujeción y el eje del pestillo. Rociar lubricante y solvente en todas las piezas. El lubricante sobrante se quita y se ensambla de nuevo la cerradura.

Pestillo

Tornillo conector

Placa guía

Tornillo de retención

El pestillo que se atora es un problema que se debe a la acumulación de mugre y a la falta de lubricación. Limpiar y lubricar la cerradura (páginas 67-68). Asegurarse de que los tornillos de conexión no estén demasiado apretados. Un tornillo apretado excesivamente origina que el pestillo se atore.

Reparación de pestillos

Los desperfectos de pestillos se originan cuando el **pestillo** se atora dentro de la **placa de sujeción,** o cuando el pestillo no se desliza suavemente en la hembra de cerrojo.

Primero se debe verificar que la cerradura se encuentre limpia y lubricada (página 67). Si los desperfectos del pestillo continúan, se alinean el pestillo y la hembra de cerrojo.

Antes de comenzar:

Herramientas y materiales: lima para metales, calzas de cartón, contrapesos, sellador de madera.

Un buen consejo: Si un pestillo de resorte y una hembra de cerrojo están demasiado desalineados, examine las bisagras para localizar posibles desperfectos (páginas 70-71).

Causas comunes de problemas con pestillos de puertas

Hembra de cerrojo

Pestillo

El desalineamiento con la placa de la hembra de cerrojo evita que el pestillo entre en la abertura de la placa de hembra. Verificar ante todo que las bisagras no estén flojas (página 7). Para alinear la placa de hembra y el pestillo, ver la página opuesta.

Una puerta combada por humedad o penetración de agua origina problemas con las cerraduras. Usar una regla recta para descubrir combadura. Ver la página siguiente para enderezar una puerta combada.

Cómo alinear el pestillo de resorte y la hembra de cerrojo

Calza

Hembra de cerrojo

1 Arregle las bisagras flojas (página 71) y pruebe las puerta. Elimine problemas menores de alineamiento, para lo cual basta con limar la placa hembra de cerrojo hasta que el pestillo de resorte se acomode.

2 Observe que la puerta se ajuste a escuadra. Si la puerta se inclina demasiado, quite en ese caso la puerta (página 70) y calce la bisagra superior o inferior (a la derecha).

3 Eleve la posición del pestillo por medio de una calza delgada de cartón puesta detrás de la bisagra inferior. Para bajar el pestillo, calce por detrás la bisagra superior.

Cómo enderezar una puerta combada

1 Quite la puerta combada (página 70). Apoye ambos extremos de la puerta sobre caballetes. Coloque objetos pesados sobre el centro combado. Deje la puerta con los contrapesos durante varios días hasta que desaparezca la combadura. Revise que la puerta esté derecha con regla larga (página opuesta).

2 Aplique sellador transparente a los extremos y bordes de la puerta para proteger a la madera contra la humedad. Instale de nuevo la puerta.

Perno de la bisagra

Ajuste de una puerta atorada

Las puertas se atoran cuando las bisagras se cuelgan o cuando la madera de la puerta o del marco se expande o se desplaza.

Primero se verifica que los tornillos de las bisagras de las puertas estén apretados. Si el desperfecto continúa después de haber apretado las bisagras, esperar que haya tiempo seco para lijar o cepillar la puerta; y si este problema ocurre solamente en tiempo demasiado húmedo, esperar un período de sequía para sellar los bordes de la puerta, con lo cual debe dejar de atorarse la puerta.

Antes de comenzar:

Herramientas y materiales: desarmador, martillo, atomizador para el solvente y lubricante, puntillas T de golf o taquetes, pegamento para madera, papel de lija, sellador para madera.

Recomendación: Lubrique los pernos de las bisagras para eliminar el rechinido de las puertas.

Un buen consejo: Para apretar los tornillos de las bisagras sin quitar la puerta, levante la parte inferior de la puerta con calzas de madera.

Cómo quitar una puerta

1 Saque el perno de la bisagra inferior con desarmador y martillo. Con la ayuda de otra persona sostenga la puerta en su lugar. Saque el perno de la bisagra superior.

2 Quite la puerta y colóquela a un lado. Antes de instalarla nuevamente, limpie y lubrique los pernos de las bisagras.

Cómo apretar las bisagras flojas

1 Quite la puerta de las bisagras (página opuesta). Apriete los tornillos flojos. Si la madera detrás de la bisagra ya no sujeta los tornillos, quite las bisagras.

2 Cubra con pegamento las T de golf o los taquetes; insértelos dentro de los agujeros desgastados de los tornillos. Espere a que seque el pegamento. Corte y elimine la parte sobrante del taquete o de la pieza.

3 Taladre agujeros guía en madera nueva. Monte de nuevo la bisagra en la nueva madera como base para los tornillos.

Cómo reparar una puerta que se atora

1 Apriete las bisagras flojas (ver arriba). Si la puerta todavía se atora, marque ligeramente con lápiz las áreas donde la puerta se atora.

2 Espere a que haya tiempo seco y quite la puerta (página contraria). Lije y cepille las áreas marcadas hasta que la puerta deje de atorarse. Selle los extremos y bordes con sellador transparente para madera antes de instalar nuevamente la puerta.

Paredes y cielos rasos

Paredes y cielos rasos

Materiales para paredes y cielos rasos.

Cinta de fibra de vidrio para juntas

Parche de reparación

Tejas de repuesto

Ganchos de pared

Papel de lija

Los problemas más comunes que se presentan con las paredes y los cielos rasos consisten en agujeros, grietas en la mampostería, manchas y daños por la humedad. Las reparaciones de paredes de yeso prefabricadas son las más fáciles, porque las secciones dañadas se quitan y se cambian rápidamente. Pero si se trata de una construcción recubierta con yeso, es necesario conocer el estado total de las paredes y del cielo raso antes de hacer reparaciones. Si toda la superficie se siente esponjosa, o si las combas o grietas son de mucha extensión, el yeso debe ser recubierto o cambiado por un profesional.

Para hacer la mayoría de las reparaciones de paredes y cielos rasos, basta comprar yeso premezclado para resanes o una mezcla para recubrir que sea de fácil aplicación y que no tenga problemas para limpiarse.

Consejos para limpiar paredes y cielos rasos

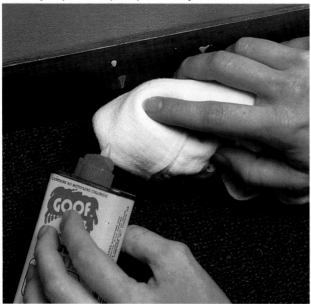

Las salpicaduras de pintura de látex se eliminan por lo general, de las superficies, con un limpiador de solvente. Primero se prueba en un área poco visible, antes de usarlo en las manchas.

Las manchas que exudan por la pintura, como marcas de lápiz labial, tinta, aceite y moho se deben sellar. Se rocían o se les aplica con brocha un poco de barniz de laca ralo sobre la mancha. Esperar que seque completamente el barniz antes de reparar la superficie.

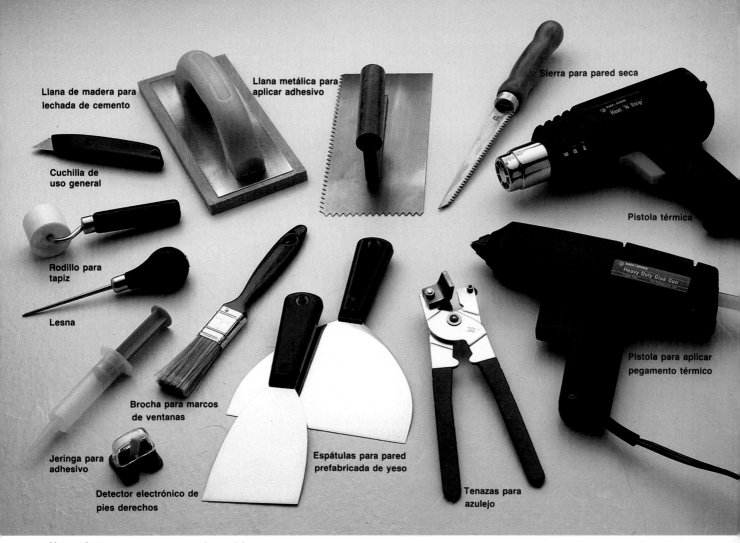

Llana de madera para lechada de cemento

Llana metálica para aplicar adhesivo

Sierra para pared seca

Cuchilla de uso general

Pistola térmica

Rodillo para tapiz

Lesna

Brocha para marcos de ventanas

Espátulas para pared prefabricada de yeso

Pistola para aplicar pegamento térmico

Jeringa para adhesivo

Detector electrónico de pies derechos

Tenazas para azulejo

Herramientas para reparar paredes y cielos rasos

Cómo quitar manchas

1 Pruebe en una área que no esté a la vista los compuestos eliminadores de manchas, dibujos o rayas de las paredes. Algunos productos alteran la pintura o los tintes del tapiz.

2 Rocíe el eliminador de manchas directamente sobre la tela limpia. Humedezca ligeramente el área de la mancha con el líquido eliminador.

3 Frote suavemente el área de la mancha con un trapo limpio y seco. Con las manchas difíciles de quitar, se frota suavemente con un cepillo o estropajo.

La sujeción de objetos en paredes y cielos rasos

Los objetos ligeros y de peso medio se cuelgan sostenidos fácilmente de paredes y de paredes prefabricadas, pero las cargas pesadas como los anaqueles para libros, deben sujetarse a pies derechos o a vigas.

Los pies derechos se instalan a distancia uniforme uno de otro de 16 ó 24 pulgadas, medidas de centro a centro; después de localizar un pie derecho, se miden distancias iguales para encontrar los demás.

Cuando se ofrece fijar algunos accesorios de suspensión, como varillas para cortinas y telas pesadas en general, a veces el pie derecho no se encuentra en el lugar que se requiere. Para colgar objetos entre pies derechos, se deben adquirir accesorios de sujeción apropiados para las paredes en que se usarán y de la capacidad necesaria para el peso que se pretende colgar. Los paquetes de accesorios de sujeción indican en una lista las cargas que pueden soportar.

Antes de comenzar:

Herramientas y materiales: detector magnético o electrónico de pies derechos, accesorios de sujeción para pared, taladro y brocas; martillo y desarmador.

Pie derecho

Pared seca

Unión forrada con cinta

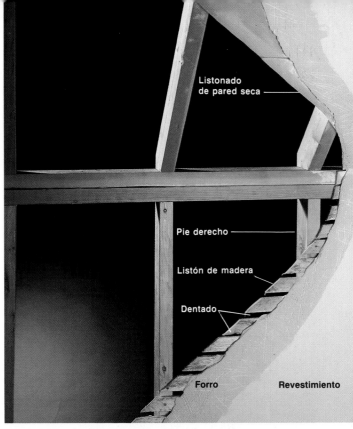

Listonado
de pared seca

Pie derecho

Listón de madera

Dentado

Forro   Revestimiento

Paredes de yeso prefabricadas, conocidas también como muro seco, en la construcción de éstas se usan paneles de yeso fijados con clavos o tornillos directamente al bastidor. El espesor varía de $1/4''$ a $5/8''$. Los pies derechos o vigas detrás de la pared de yeso por lo general se localizan a intervalos de $16''$ o $24''$, medidos de centro a centro. Se pueden usar una amplia variedad de dispositivos de sujeción.

El enyesado se aplica por capas. Detrás del yeso hay una capa de listonado de madera, de metal o de pared seca que fija al yeso en su lugar. Las claves de trabazón, que se moldean cuando la base del yeso pasa a presión por el listonado, fijan el yeso cuando se seca a las paredes y a los cielos rasos. Debido a que el yeso es de superficie frágil, se recomienda taladrar siempre agujeros guía cuando se necesite colgar objetos. Es preferible usar sujetadores con rosca siempre que sea posible.

Cómo localizar un pie derecho o una viga para cargas pesadas

Agujeros de clavos

Localización de clavos

Los clavos en el zócalo indican los puntos donde están los pies derechos. Éstos también se localizan cerca de los marcos de puertas y ventanas, así como en las cajas de salida eléctricas o de accesorios de iluminación; también se encuentran donde están los ductos de hornos.

Con un foco encendido, sin pantalla. Se ilumina lateralmente la pared, con las demás luces apagadas; así se aprecian las marcas en receso de las cabezas de clavos o tornillos que están fijados a los pies derechos.

Use un detector magnético o electrónico para localizar clavos de acero. Pase al azar el detector sobre la pared hasta que el imán indique la presencia de un clavo en un pie derecho.

77

Cómo colgar objetos ligeros entre pies derechos

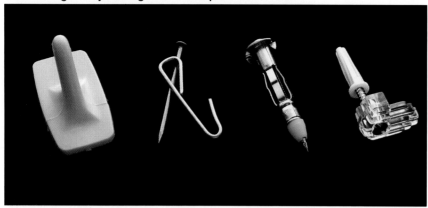

Ganchos de pared para colgar objetos ligeros; de izquierda a derecha: gancho adhesivo, (para colgar objetos muy livianos en paredes sin textura), gancho con clavo para cuadros, tornillo con seguro, ancla de plástico con sujetador de espejos.

1 Para fijar un espejo ligero en la pared ponga dos sujetadores en cada esquina. Se requieren sujetadores para espejos, anclas de plástico, taladro y broca.

Cómo colgar objetos de peso medio entre pies derechos

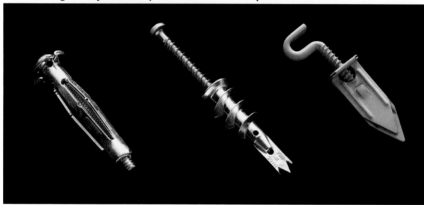

Accesorios de pared para colgar objetos de peso medio; de izquierda a derecha: tornillo de seguro con casquillo (se fabrican en diversos diámetros y longitudes), ancla roscada Grip-It,® con ancla de torsión para paredes prefabricadas de yeso, ancla atornillable.

1 Cuando no haya pie derecho de pared, utilice tornillos Grip-It® para colgar cortinas de peso medio. Se requieren: cortineros metálicos y juego de tornillos Grip-It.

Cómo colgar objetos pesados entre pies derechos y vigas

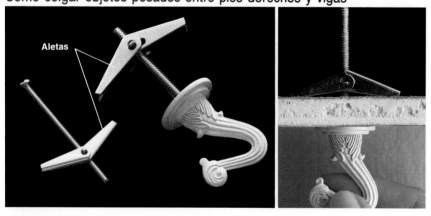

Ganchos de pared para colgar objetos pesados; de izquierda a derecha: tornillo con aletas, gancho con tornillo sin cabeza y con aletas. Las aletas de resorte se pliegan para entrar por el agujero taladrado; después, el resorte las abre para que se extiendan sobre la pared o el cielo raso a medida que se aprieta el tornillo.

1 Usar el tornillo de fiador sin cabeza, con gancho, para colgar plantas pesadas de maceta. Se requieren: Taladro y broca para concreto, tornillo de fiador con gancho.

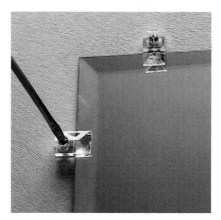

2 Apoye el espejo contra la pared y marque con lápiz los bordes de sus esquinas. Marque los puntos de los barrenos para los tornillos de los sujetadores.

3 Escoja una broca del mismo diámetro que el ancla de plástico. Taladre los agujeros con broca para mampostería; después introduzca las anclas de plástico.

4 Atornille los sujetadores inferiores. Monte el espejo. Fije los sujetadores restantes.

Ancla espiral

Ancla roscada

2 Mida la longitud de las cortinas para determinar la altura a la que se pondrán los soportes metálicos. Marque los puntos de los barrenos para los tornillos de los soportes metálicos de los cortineros.

3 Coloque las anclas de torsión dentro de la pared seca. Después, atorníllelas. Si las monta en una pared recubierta de yeso, taladre agujeros guía para tornillos Grip-It®

4 Atornille el ancla de tornillo Grip-It® dentro del ancla de torsión o del yeso taladrado; instale los soportes metálicos cortineros y cuelgue las cortinas.

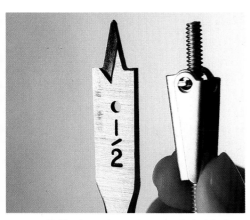

2 Escoja una broca de punta y hoja del mismo diámetro que tienen las aletas del tornillo cuando están cerradas. Taladre el agujero en el cielo raso.

3 Introduzca el tornillo con las aletas cerradas hasta que se abran adentro. Jale el tornillo ligeramente hacia abajo.

4 Fijar el gancho al tornillo. Gire el gancho y al mismo tiempo que lo jala un poco, hasta que el tornillo y el gancho queden apretados.

Reparación de paredes secas

Las reparaciones más comunes de las paredes prefabricadas de yeso consisten en tapar agujeros y ocultar clavos o tornillos que sobresalen. A diferencia de los compuestos para superficies de yeso, los compuestos para paredes de yeso prefabricadas sí se adhieren a las superficies pintadas. Esto permite que los resanes se hagan directamente sobre la pintura y se puedan cubrir los defectos, rendijas o clavos y después pintar de nuevo y que el área remendada quede integrada al resto de la pared y oculta a la vista.

Cómo clavar de nuevo en su lugar los clavos salientes en paredes prefabricadas de yeso

Los clavos puestos en las paredes secas se aflojan y se zafan si no están bien clavados o si la madera del bastidor no está seca. Utilice tornillos para hacer estas reparaciones; los vástagos roscados no se botan.

1 Presione con fuerza la pared seca contra el pie derecho o la viga. Introduzca un tornillo a dos pulgadas aproximadamente del clavo botado. La cabeza del tornillo debe quedar ligeramente en receso.

2 Hunda con martillo el clavo zafado para que quede una marca pequeña. Resane las marcas con pasta de recubrir. Espere a que el resane se seque para que pueda pintarlo.

Cómo tapar agujeros en paredes prefabricadas de yeso

1 Delinee el área dañada con una escuadra o una regla.

2 Corte alrededor del contorno con el serrucho para paredes prefabricadas de yeso para quitar la parte dañada.

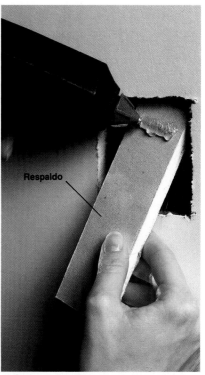

Respaldo

3 Corte una tira que sirva de respaldo al remiendo. Fije la tira de respaldo dentro de la abertura con pegamento rápido o de aplicación con pistola.

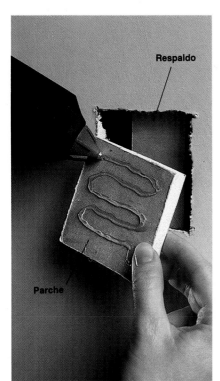

Respaldo

Parche

4 Corte una pieza de pared seca a la medida de la abertura. El remiendo debe ser del mismo espesor de la pared. Aplique pegamento caliente en la parte de atrás del remiendo y presiónelo contra el respaldo hasta que el pegamento se solidifique.

Cinta para pared de yeso

5 Ponga tela de fibra de vidrio directamente a las costuras. Recubra la tela con un compuesto premezclado para pared de yeso; se aplica con una espátula para este material.

Lijadora húmeda

6 Aplique una segunda capa de compuesto. Una vez que esté seco se pule ligeramente con lijadora húmeda o lija común para alisar el remiendo. Retoque la pared.

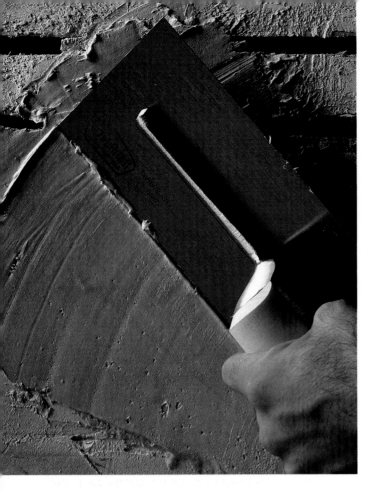

Reparación de recubrimiento de yeso

Las rajaduras de las paredes y cielos rasos de yeso por lo general se deben al desplazamiento de la estructura de la casa. Para repararlas, se necesita reforzar esas grietas con cinta autoadhesiva de fibra de vidrio o con cinta con membrana de plástico de quitar y pegar para remiendos.

Los agujeros en el yeso se originan por golpes o exposición al agua. Si se observa el yeso tiene manchas de color café o residuos polvorientos, son señales de daños por la humedad. Si hay daños en el techo o tubos de plomería con fugas se necesita corregir el problema antes de reparar el yeso.

Antes de comenzar:

Herramientas y materiales: raspador de pintura, líquido de látex para pegar, brocha para pintar, yeso para resanes, llana metálica o cuchilla para cortar paredes prefabricadas de yeso, cinta de fibra de vidrio para paredes prefabricadas de yeso o cinta de quitar y pegar compuesto premezclado para pared de yeso, papel de lija, sellador de barniz.

Un buen consejo: La falta de adhesión y las rajaduras de los bordes entre el yeso viejo y el nuevo se evitan si se aplica una capa de líquido adhesivo de látex en el área del remiendo antes de resanar.

Cómo reparar grietas en el yeso

Cinta para parches

La cinta de quitar y pegar para remiendos está hecha de una membrana plástica delgada y resistente; permite reparar y pintar rajaduras sin necesidad de usar yeso ni compuesto de recubrir. La cinta se corta ligeramente más larga que la grieta. El forro protector se quita y se restira la membrana; después la puede pegar a presión sobre la grieta. Para ocultar la cinta se dan dos capas de pintura de látex.

Cinta de fibra de vidrio

La cinta autoadhesiva de fibra de vidrio sirve para evitar la formación de nuevas grietas. Se aplica directamente a la pared y se presiona para alisarla. Utilice una espátula para recubrir la cinta de fibra de vidrio con una o dos capas de compuesto premezclado para pared seca. El área reparada se lija ligeramente hasta alisarla; después se pinta de nuevo.

Cómo tapar agujeros en el yeso

1 Raspe todo el yeso suelto o desprendido para tener a la vista el yeso base firme o el listón. Verifique que el área dañada no sobrepase el área raspada.

2 Aplique con brocha líquido adhesivo de látex sobre el área que va a resanar. Recubra completamente los bordes del yeso viejo. No se deje mojar el área del resane después de recubierta. El yeso para resanar se mezcla a la densidad adecuada para que pueda aplicarlo con llana metálica.

3 Rellene con la espátula el yeso dentro del agujero, con movimiento barredor. Aplique el yeso con firmeza hacia adentro de los bordes de la abertura para que pegue bien. En agujeros que tengan una profundidad de 1/4 de pulgada o menos, es suficiente aplicar una capa de yeso. Espere a que se solidifique el yeso.

4 Si el hueco tiene más de 1/4 de pulgada de profundidad, aplique una segunda capa de yeso. Una vez que se solidifique el yeso, se lija ligeramente si se requiere. Recubra el área resanada con barniz blanco de laca para sellar la mancha. Pinte el área reparada.

Reparación de tapices

Los daños a los tapices requieren que se corte y se pegue un remiendo. Las orillas levantadas y las burbujas son problemas comunes en el entapizado de paredes. Aunque los tapices que se fabrican ahora con nuevos materiales de vinilo son más durables que los viejos tipos de "papel" tapiz, de vez en cuando necesitan reparación. En las nuevas superficies de vinilo es mucho más fácil quitar las manchas.

Antes de comenzar:

Herramientas y materiales: adhesivo y aplicador, rodillo pasta para quitar manchas del papel tapiz, sellador, retazos de tapices, cuhilla de uso general, esponja.

Un buen consejo: Conserve los sobrantes de tapices para utilizarlos en reparaciones futuras, o quite una sección para remiendo de un lugar que no quede a la vista, como de un gabinete o de la parte de atrás de una puerta.

Consejos para arreglar el papel tapiz

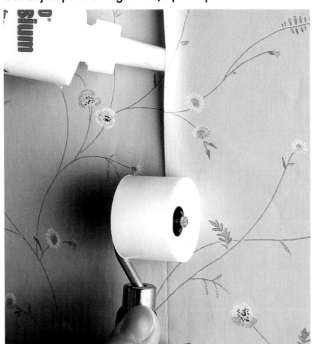

Para arreglar las orillas se alza el borde del tapiz y se inserta la punta del aplicador de pegamento por debajo. Oprima el envase y aplique el adhesivo en la pared. Aplane la orilla nuevamente en su lugar con un rodillo y quite el adhesivo sobrante con una esponja limpia y mojada.

El tapiz sucio se limpia con pasta especial o con una goma de borrar que se compran en un centro de materiales para decoración.

Cómo reparar tapices

1 Fije con cinta auto-adherible el pedazo de remiendo por arriba de la parte dañada, para alinear el dibujo con el tapiz que está puesto.

2 Corte las dos capas de papel tapiz con una navaja bien afilada para obtener una plantilla que se ajuste exactamente. Desprenda el material de remiendo; después, humedezca el área del tapiz que está dañada.

3 Desprenda la parte dañada. Aplique adhesivo por atrás del corte de remiendo; con cuidado colóquelo en la abertura y haga coincidir la pieza cortada. Limpie con una esponja limpia y húmeda.

Cómo se aplanan las burbujas

1 Corte una hendidura en el borde de la parte levantada. Si el tapiz tiene diseño decorativo, corte a lo largo de una línea del dibujo para que el corte quede oculto.

2 Inserte la punta del aplicador por debajo del tapiz desprendido y aplique un poco de adhesivo en la pared.

3 Oprima suavemente para que se pegue el tapiz. Con una esponja limpia y húmeda aplane la parte alzada de tapiz y elimine el adhesivo sobrante.

Cuidado y reparación del azulejo de cerámica

El azulejo de cerámica es durable y casi no requiere mantenimiento, pero la lechada de cemento entre el azulejo se deteriora. El pega-azulejo dañado constituye el único punto de entrada de agua; si entra agua se destruirá la base del azulejo, y con el tiempo toda el área de azulejo instalado.

Para evitar las manchas y la acumulación de formaciones minerales sobre los azulejos, se limpian con una toalla las paredes después de usar la bañera o la regadera. Usar un extractor para eliminar el aire húmedo y evitar daños por moho y humedad.

Antes de comenzar:

Herramientas y materiales: Taladro de 3/8″ de velocidad variable, broca con punta de carburo, taquete para albañilería, martillo, cincel, cuchilla de uso general, azulejo de repuesto, adhesivo para azulejo, cinta de recubrir, lechada de cemento, alcohol para frotar lesna, resanador para baño.

Un buen consejo: El azulejo de antes de la década de 1960 se colocaba en una base de albañilería; por tanto, las reparaciones debe hacerlas un profesional. Recuerde usar gafas protectoras siempre que trabaje con martillo y cincel.

Cómo colocar accesorios en azulejos

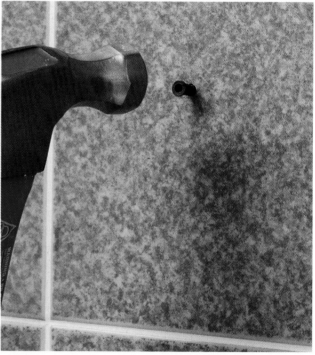

1 Ponga cinta de recubrir en el lugar donde se va a taladrar. El orificio para el ancla se hace con una broca de carburo de 3/8 de pulgada para mampostería. El diámetro de la broca debe ser el mismo del taquete. Opere el taladro a baja velocidad para evitar que la broca brinque sobre el azulejo.

2 Con golpes suaves del martillo introduzca el taquete de mampostería dentro del agujero; ponga un tornillo para fijar el accesorio. Tenga cuidado de no astillar el azulejo.

Cómo quitar y cambiar azulejos

1 Raspe la vieja lechada de cemento de entre los azulejos con una cuchilla de uso general o una lezna. Rompa el azulejo que va a cambiar en pequeños pedazos con cincel y martillo para que sea fácil quitarlo. Con una cuchilla o un raspador con filo quite todos los fragmentos y el adhesivo viejo.

2 Pruebe el ajuste de la nueva pieza de azulejo para verificar que quede al ras con las otras piezas. Extienda una capa de adhesivo sobre la parte de atrás del azulejo de repuesto. Coloque el azulejo en su lugar y gírelo ligeramente para que asiente en la pared. Use cinta de recubrir para que la pieza se sostenga en su lugar toda la noche.

Esponja

3 Desprenda la cinta de recubrir. Aplique la lechada premezclada de cemento para azulejo con una esponja o una llana de madera. Espere a que la lechada se solidifique ligeramente; después, limpie y elimine el excedente con un trapo húmedo.

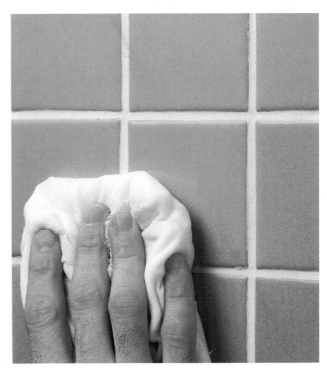

4 Espere aproximadamente una hora para que se seque la lechada de cemento. El azulejo se pule con un trapo limpio y seco para eliminar los residuos de polvo.

Cómo aplicar nueva lechada de cemento al azulejo

1 Raspe y elimine con una lezna o cuchilla la vieja lechada de cemento hasta dejar una base limpia para la nueva lechada. Quite y cambie los azulejos quebrados (página 87).

2 Limpie y enjuague las juntas con una esponja. Utilice lechada de cemento premezclada que sea resistente a la herrumbre y a las manchas.

3 Use una llana de hule espuma o una esponja para extender la lechada por toda la superficie. Aplique bien la lechada dentro de las juntas. Espere a que se solidifique ligeramente y quede firme; después elimine el sobrante con un trapo húmedo.

4 Espere hasta que la lechada se seque completamente. Elimine el polvo residual y pula los azulejos con un trapo suave y seco. Calafatee alrededor de la bañera o de la regadera (página opuesta). No use la bañera ni la regadera por 24 horas.

Cómo calafatear alrededor de la tina o de la regadera

1 Raspe y elimine la vieja lechada de cemento o el calafateo viejo con una lezna o con un abrelatas. La capa jabonosa de la junta se quita con alcohol y un trapo limpio.

2 Llene la bañera para que tenga el peso suficiente y se desplace hacia abajo de la línea de azulejos. Calafatee la junta con silicio o de látex de buena calidad para que no se vuelva quebradizo.

3 Con la punta del dedo índice humedecida en agua fría para evitar que se pegue al calafateo, alise y moldee en forma cóncava a todo lo largo al calafateo. Espere hasta que el calafateo se solidifique y corte con cuchilla para eliminar el sobrante que haya.

Los calafateos de desprender y pegar se compran ya preformados, lo que ahorra el trabajo de limpiar la junta y limpiar el nuevo calafateo. Los fragmentos residuales de desecho del viejo calafateo se desprenden y el nuevo calafateo se retaca en su lugar.

Pisos

Reparaciones de pisos

Las reparaciones más comunes de pisos comprenden la eliminación de quemaduras y manchas de alfombras y pisos de madera, el cambio o reparación de losetas dañadas de vinilo, la restauración de pisos de madera dañados o manchados y la eliminación del rechinido de pisos y escaleras.

Si se tienen fragmentos sobrantes de cuando se colocó el piso, se cuenta ya con los materiales necesarios para reparar pequeñas áreas dañadas de pisos de vinilo o alfombrados. Si no se tienen tales sobrantes, se toma el material para hacer el remiendo de áreas que no estén a la vista, como de un gabinete alfombrado, o del área de losetas que quedan detrás de un aparato eléctrico de cocina. Las tiendas de alquiler tienen herramientas para pisos, como restiradores eléctricos, planchas para calentar pegamento y reafianzar costuras flojas de alfombras; recortadoras de orillas de alfombras, etc. Una descripción de las necesidades y una solicitud de orientación al centro de arrendamiento son útiles para obtener las herramientas adecuadas para las reparaciones de que se trate.

Herramientas y materiales para reparar pisos

Cinta térmica para alfombras

H.B.Fuller ceramic tile adhesive for walls & floors

Cinta de dos vistas

alfombras

Plancha para costuras

Raspador tipo rasurador

Herramienta de corte de alfombra tipo molde galletero

Tira de madera sin tachuelas

Pistola térmica

Consejos para el cuidado de alfombras

Evite daños y desgaste excesivo de los pisos. Con un tapete en la puerta de cada entrada se evita meter tierra con los zapatos, lo que reduce el desgaste y la frecuencia del lavado.

Una aspiradora de polvo potente como este modelo vertical asegura potencia para una limpieza profunda de las alfombras.

Reparación de alfombras

Las manchas y las quemaduras son los problemas más comunes con los pisos de alfombras. Si no se puede eliminar una macha, por lo general se arregla el alfombrado mediante el corte del área dañada y la inserción de un fragmento nuevo de alfombra. En casos de quemaduras superficiales, las fibras quemadas se cortan con tijeras para uñas.

Otro problema conocido son las orillas o costuras de las alfombras que se aflojan. Todas las herramientas para hacer los trabajos de reparación de pisos que se presentan en este manual se pueden rentar.

Antes de comenzar:

Herramientas y materiales: plantilla para cortar alfombra tipo galletero, cinta de dos caras, restirador de alfombras, adhesivo para costuras, cinta térmica para alfombras, plancha para costuras.

Cómo reparar alfombras con manchas o quemaduras

1 Quite la parte quemada o manchada con una plantilla para cortar tipo galletero, de venta en las tiendas de alfombras. Oprima el cortador hacia abajo sobre el área dañada y déle vuelta para sacar el recorte.

2 Corte con la misma herramienta la rueda de repuesto de un pedazo de alfombra. Inserte cinta de doble cara para alfombras debajo de la alfombra para que la cinta traslape la costura de la reparación.

3 Empuje el recorte hacia adentro de la cavidad. El tejido o el dibujo decorativo debe quedar en la misma dirección de la textura propia de la alfombra. La costura se sella con adhesivo apropiado para costuras para evitar que el tejido se deshile.

Cómo restirar alfombras flojas

1 Ajuste el cabezal del restirador para que las púas traspasen la alfombra. Empuje el cabezal del restirador hacia la pared como a 2 pulgadas de la orilla de la alfombra.

2 Apriete firmemente con la rodilla para estirar la alfombra por arriba y por abajo sobre la tira con púas. Acomode la orilla de la alfombra por arriba de la tira con una espátula. Corte el sobrante de alfombra, si se requiere. El reverso de la afombra se sujeta con las puntas que tiene la tira.

Cómo pegar de nuevo las costuras flojas

1 Quite la cinta vieja de debajo de la costura de la alfombra. Corte una cinta térmica para alfombra a la medida de la costura. La cinta se pone debajo de la alfombra, de manera que ambas orillas de la alfombra queden traslapadas en la cinta.

2 Selle la costura con una plancha rentada. La plancha calentada se pasa a lo largo de la cinta debajo de la alfombra para activar el pegamento. A medida que se pasa la plancha a lo largo de la orilla, se presiona hacia abajo sobre la costura para sellar los bordes de la alfombra.

Reparación de pisos de vinilo

Las rasgaduras y los rayones profundos en los pisos de vinilo por lo general se reparan si se dispone de un fragmento del material que sea igual al vinilo dañado. Los pisos de vinilo con diseño decorativo como el dibujo de ladrillo o de piedra simulados, son de fácil reparación porque las orillas del remiendo quedan ocultas por el dibujo. De ser necesario, el vinilo para la reparación se puede sacar de una área escondida.

Antes de comenzar:

Herramientas y materiales: fragmentos sobrantes de materiales de pisos de vinilo, cinta de recubrir, escuadra de carpintería, cuchilla de uso general, espátula para masilla, soluciones minerales inoloras, adhesivo para pisos de vinilo, rodillo (un perno de rodadura es suficiente).

Recomendación: En la adquisición de nuevos pisos de vinilo, comprar material de incrustación genuina, que se vende por lo general en rollos de 6 pies de ancho. Es más pesado y mucho más resistente al desgaste y a los daños que los vinilos más ligeros.

Cómo reparar pisos de vinilo

1 Escoja un pedazo de vinilo igual al del piso en reparación. Coloque el fragmento de desecho sobre al área dañada y ajústelo hasta que el dibujo coincida. Pegue el pedazo de vinilo al piso con cinta adhesiva.

2 Utilice una escuadra de carpintero para delinear la reparación. Trace a lo largo de las líneas del dibujo para ocultar las uniones. Con una cuchilla corte las dos capas de vinilo. El vinilo dañado se desprende con una espátula.

3 Aplique soluciones minerales para disolver el adhesivo; después limpie con espátula de vidriero o con un raspador tipo rastrillo. El nuevo adhesivo se aplica al fragmento de repuesto y se adapta dentro de la cavidad. Se pasa el rodillo sobre el vinilo para aplanarlo y que quede bien pegado. Quite el adhesivo sobrante.

Cambio de losetas de vinilo para pisos

Las losetas de vinilo se cambiarán cuando presenten combaduras, estén rajadas o se encuentren muy manchadas. Si no es posible encontrar losetas de repuesto en un centro de materiales de construcción, se quita una loseta de una área oculta, como del interior de un gabinete o del área que ocupa un aparato eléctrico de cocina.

Es probable que las losetas más viejas hechas de asfalto contengan fibras de asbestos en la parte de atrás. Debido a que el asbesto representa un riesgo para la salud, en este caso el cambio debe hacerlo un técnico profesional.

Antes de comenzar:

Herramientas y materiales: pistola térmica, soluciones minerales inoloras, espátula para masilla, loseta de repuesto, adhesivo para loseta de vinilo, llana metálica dentada, rodillo (un rodillo de cocina es suficiente).

Un buen consejo: Si no dispone de pistola térmica, coloque una vasija con cubitos de hielo sobre la loseta. La acción fría del hielo desquebraja el adhesivo de la loseta, con lo cual se bota la loseta fácilmente.

Cómo cambiar losetas de vinilo

1 Utilice la pistola térmica para calentar la loseta y ablandar el adhesivo. Tenga cuidado de no fundir la loseta. La loseta se levanta con una espátula.

2 Aplique sales minerales para disolver el adhesivo del recubrimiento. Raspe todo el adhesivo con espátula o raspador tipo rastrillo

3 Aplique el adhesivo al contrapiso. Coloque la loseta en la cavidad. El rodillo se utiliza para aplanar la loseta y lograr buena adherencia. Quite el adhesivo sobrante.

Reparación de pisos de madera

Los rayones y los agujeros en pisos de madera se reparan con un compuesto de látex para resanar madera (que se vende en varios tonos de madera); las manchas se quitan con ácido oxálico que se vende en centros comerciales de productos para el hogar y en tiendas de pinturas. Para la limpieza y el mantenimiento diarios, se necesitan los siguientes materiales: un limpiador de madera, un restaurador y tela para su aplicación.

A los pisos de madera se les da una mano de limpiador de cera dos veces al año, para protegerlos contra rajaduras y daños por agua. Siempre se usan limpiadores con solvente; los limpiadores a base de agua ennegrecen la madera.

Antes de comenzar:

Herramientas y materiales: compuesto para resanar madera, espátula para masilla, papel de lija, restaurador de madera, guantes de caucho, ácido oxálico, vinagre, limpiador para madera, combinación de cera y limpiador.

Un buen consejo: Si los pisos por reparar tienen excesiva acumulación de cera, se limpian primero por medio de soluciones minerales inoloras; después, se encera de nuevo con un limpiador combinado de cera y solvente.

Cómo resanar pisos de madera

1 Aplique resane de látex para madera en las grietas, marcas de grapas o agujeros de clavos en pisos de madera.

2 Suavice el resane con papel de lija de grano fino. Lije en sentido del grano de la madera.

3 Aplique restaurador para madera con un trapo limpio y desvanézcalo para que se combine con el acabado original.

Cómo eliminar manchas de los pisos de madera

1 Lije el área de la mancha para quitar el acabado viejo. Con guantes de hule puestos, vierta ácido oxálico sobre la mancha y espere una hora para que se decolore la mancha. Repita el proceso si se requiere.

2 Enjuague el área de la mancha con vinagre. Espere hasta que la madera seque completamente.

3 Aplique una mano de restaurador para madera en la madera descolorida. Aplique varias manos del restaurador hasta que el piso se iguale al viejo acabado.

Cómo limpiar y renovar pisos de madera

1 Barra el piso con aspiradora eléctrica para eliminar la tierra y arenilla. Vierta el limpiador de madera en los lugares gastados. Si va a renovar el piso de un cuarto completo, divida la superficie en secciones de 90 × 90 centímetros.

2 Frote el área con un trapo seco o con fibra de acero. Espere que el piso se seque, después pula la madera a mano o con una máquina pulidora.

3 Aplique una combinación de cera y limpiador o de cera en pasta; después encere dos veces al año para mayor protección.

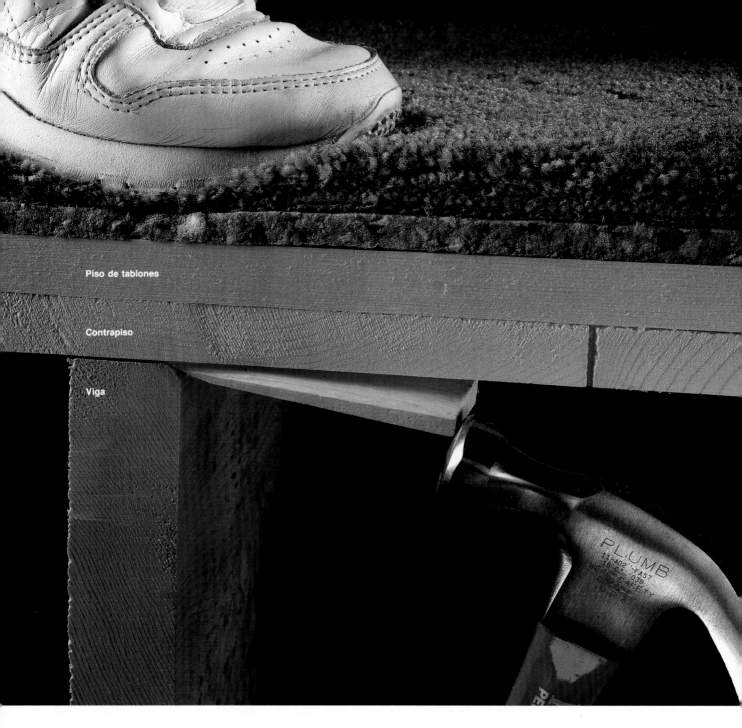

Piso de tablones

Contrapiso

Viga

Eliminación del rechinido de pisos y escaleras

Los pisos y las escaleras rechinan cuando hay frotamiento entre los tablones y las vigas estructurales del piso. Los puntales de refuerzo cruzados (puntales de madera) rechinan cuando el piso se dobla arriba bajo el peso del tráfico. Los tablones rechinan si no han sido clavados apropiadamente al contrapiso. Las tuberías para agua y los ductos de aire también pueden rozar contra las vigas de los pisos.

Siempre que sea posible, el trabajo para eliminar el rechinido se hace por debajo del piso o de la escalera. Si el piso o la escalera tiene revestimiento, entonces la reparación se hace por arriba. En los pisos de madera, basta poner unos clavos sin cabeza entre los tablones para eliminar el rechinido. En pisos con alfombras o linóleos, hacer el trabajo para eliminar los rechinidos cuando se cambie la alfombra o el recubrimiento.

Antes de comenzar:

Herramientas y materiales: martillo, tornillos de 1 pulgada para madera, desarmador (manual o eléctrico), pegamento para madera, cuñas de madera, adhesivo para estructuras, pistola para calafatear, bloques de madera, clavos para duelas, punzón.

Tres maneras de eliminar rechinidos de los pisos

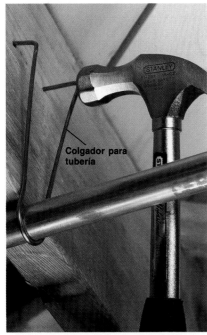

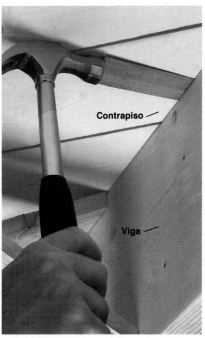

Revisar los suspensores de tubería, los ductos de calefacción y los puntales cruzados de refuerzo para detectar el área de fricción. Afloje los suspensores de tubería que estén apretados y separe los puntales de madera de refuerzo para eliminar las fricciones.

Se ponen tornillos para juntar el piso y el contrapiso de madera y eliminarles el rechinido. Cuide que los tornillos no sean demasiado largos. Usar atornillador eléctrico o taladro para que sea más fácil trabajar en lo alto.

Cortar cuñas de madera e introducirlas entre las vigas y el contrapiso para evitar la flexión del piso.

Tres maneras de eliminar rechinidos en las escaleras

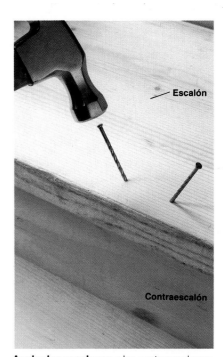

Pegar los bloques de madera con adhesivo para estructuras debajo de las escaleras para reforzar las juntas entre los escalones y los contraescalones. Después de aplicado el adhesivo, los bloques de madera se fijan con tornillos para madera.

Cortar cuñas de madera y encolarlas con pegamento para madera. Introducir las cuñas entre los escalones y contraescalones para apretar las juntas y eliminar los rechinidos.

Anclar los escalones a los contraescalones por medio de clavos para pisos clavados en ángulos contrarios para evitar que se aflojen. En los pisos de madera se taladran agujeros guías para los clavos. Use el punzón para hundir los clavos; después tape con masilla los agujeros de los clavos.

Techo y exteriores

Reparaciones exteriores

El objeto de la mayoría de las reparaciones exteriores de una casa es hacerla impenetrable a la intemperie. Los techos o canalones con goteras originan costosos daños en los cielos rasos, en el aislamiento, al mobiliario y en los sótanos. Los marcos de las puertas y las ventanas pronto se pudren si no se calafatean periódicamente. Por las grietas entran insectos y otras plagas y causan enorme pérdida de calefacción durante el invierno.

Se debe inspeccionar a intervalos el exterior de la casa para detectar indicios de problemas. Las tejas de madera combadas y quebradas, así como los vierteaguas metálicos oxidados y los canalones de lluvia con herrumbre originan las goteras en techos y sótanos. En tiempo de lluvia hay que revisar alrededor de los cimientos en busca de agua estancada o de charcos con lodo, los cuales también originan problemas de humedad en el sótano.

Para muchas reparaciones exteriores se requiere el uso de una escalera. La escalera se debe utilizar según lo indiquen las instrucciones del fabricante y no sobrepasar nunca su capacidad. Es peligroso usar una escalera en la lluvia.

Consejos y técnicas para el manejo seguro de la escalera

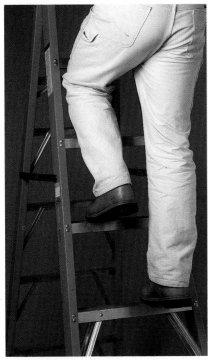

El peso se centra en la escalera. Debe uno vestirse con pantalones de mezclilla o pantalones de pintor cuando sube una escalera. Los zapatos deben ser de seguridad con suelas de hule y que protejan por arriba del tobillo, como precaución y por comodidad.

Abrir y apuntalar la escalera antes de subir; leer las instrucciones del fabricante que están en el marbete pegado a la escalera. No se usa el último peldaño ni la parte plana superior para apoyar el pie. No tratar de alcanzar objetos alejados cuando se trabaje; en lugar de estirarse, se cambia de sitio la escalera.

Tirante plegadizo

No subir con las manos ocupadas con herramientas. Todas las herramientas que se van a necesitar se colocan en una cubeta para alzarlas.

Usar herramientas inalámbricas para trabajos en techos y escaleras; así se evita el riesgo que representan las extensiones eléctricas o las herramientas sueltas.

Fijar un tapete o tela de yute sobrante alrededor del peldaño inferior de la escalera. Sirve para limpiarse la suela de los zapatos y quitarles el lodo o la arena, y evitar así resbalarse al subir.

Anclar la escalera. El peldaño superior se sujeta con un tramo corto de madera y cuerda. Se abre la ventana para colocar el bloque de madera adentro; después se cierra la ventana.

Reparación de un techo con goteras

La mayoría de las goteras de los techos se originan por tejas de madera dañadas o desgastadas, o por vierteaguas metálicos herrumbrosos. Los vierteaguas cubren la plataforma del techo en todos los puntos donde se interrumpe el contorno continuo del techo, como en las limas hoyas, alrededor de ventanas salientes en el techo, o en los tragaluces, chimeneas o tubos de ventilación que corten y sobresalgan del techo.

Las represas de hielo formadas por agua que se congela se pueden estancar debajo de las tejas de madera y causar daños interiores. A los primeros indicios de humedad que se observen en el cielo raso, se debe tratar de localizar el origen de la gotera para evitar mayores daños por la humedad. Las goteras de los pisos no siempre se localizan directamente por arriba de la superficie mojada del cielo raso. El agua puede entrar por el desván y escurrirse desde lejos por una viga inclinada antes de caer al cielo raso. Hay que esperar que no llueva para revisar el techado y descubrir la causa de la gotera.

Antes de comenzar:

Herramientas y materiales: lámpara de mano, martillo, clavos, bloque de madera, una cubeta, una lesna, una alzaprima, tejas de madera nuevas, clavos galvanizados para techo, mástique para techos, pistola para calafatear, papel de lija, juego para hacer reparaciones con fibra de vidrio, pintura de base para metal, pintura anticorrosiva.

Cómo localizar una gotera y reducir al mínimo los daños por humedad

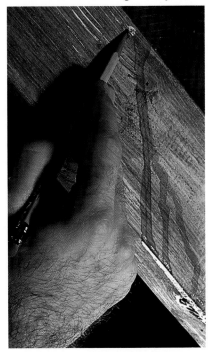

1 Inspeccione el desván para ver si hay agua sobre las vigas inclinadas y el revestimiento. Coloque una cubeta debajo del agua que gotea. Siga el hilo del agua hasta el lugar donde está la filtración, y marque el punto.

2 Si el agua fluye hacia una pared, clave un pequeño bloque de madera en el escurrimiento para desviar el agua y que gotee en la cubeta.

3 Reduzca al mínimo los daños por humedad al yeso o a las paredes prefabricadas de yeso. Localice el centro de la mancha de agua en el cielo raso. Clave una lesna o un clavo en el centro de la mancha para que escurra el agua hacia la cubeta.

Cómo encontrar la causa de una gotera

Vierteaguas

Las tejas quebradas o combadas con toda seguridad causan las goteras en el techo. Si localiza una teja dañada cercana al posible punto de ubicación de la gotera, cambie la teja (página 108).

Los vierteaguas metálicos dañados por herrumbre pueden originar goteras. Los vierteaguas sellan todos los puntos donde se interrumpe el contorno continuo del techo: alrededor de tubos de ventilación, de la chimenea, de tragaluces o de las lima hoyas, donde el contorno del techo cambia. Para corregir esta falla se necesita reparar el vierteaguas (página 109).

Manera de reducir al mínimo los daños originados por represas de hielo.

Para evitar mayor acumulación de hielo se abre un canal con agua caliente. Esto permite drenar el agua del techo antes de que se congele. También se puede llamar a un especialista para que deshaga las represas de hielo con un equipo de vapor.

Para evitar las represas de hielo se recomienda mejorar la ventilación y el aislamiento del desván. El aumento de ventilación evita la acumulación de aire caliente que derrite la nieve del techo. Si el desván es inaccesible, es mejor llamar a un especialista.

Reparaciones de emergencia de techos

Una hoja de madera laminada se puede usar como cubierta de emergencia en el techo. Usar clavos de doble cabeza para fijar temporalmente la hoja de madera. Los agujeros se resanan con mástique después de que se quitan los clavos.

Una cubierta de plástico o una lona impermeable sirven como protección de emergencia en el techo después de una tormenta destructora. Las orillas del plástico se sujetan con tiras de listón clavadas hasta que se pueda reparar el techo. Los agujeros se resanan con mástique después de quitar los clavos.

Consejos para el mantenimiento de los techos

Las ramas de árboles que cuelgan sobre el techo contribuyen a la acumulación de musgo y originan el deterioro de las tejas.

Cortar las ramas con una sierra para podar para evitar el desgaste de los materiales del techado y para que aumente la luz del sol que recibe el techo. La mayor cantidad de luz solar seca la cubierta y termina con el musgo y el moho.

El musgo o moho de la cubierta del techo se forma por abundancia de sombra y por las ramas pequeñas y hojas de árboles que obstruyen el drenaje entre las tejas. El musgo o el moho deterioran los materiales del techado.

Lavar la cubierta del techo con una agua a presión para eliminar el musgo y quitar las ramitas y las hojas de árboles.

Clavar una tira de zinc para sellar el techo a lo largo del filo de las tejas del techo para evitar la acumulación de musgo. La tira de zinc se deslava y destruye el musgo y el moho.

Detección del desgaste de los techos

Las tejas combadas y rajadas por los años expuestas a la intemperie tienden a originar goteras. Revise el techo desde abajo con unos binoculares.

La grava en los canales de descenso o en los canalones de lluvia indica que hay desgaste en la superficie de las tejas. Probablemente pronto sea necesario cambiar el techado.

Cómo cambiar tejas

1 Alce el borde de la teja dañada. Con una palanca delgada se quitan los clavos que sujetan la teja. Quite la teja dañada.

2 Inserte la nueva teja; debe quedar alineada con las tejas adyacentes. Desprenda el revestimiento que cubre el adhesivo por detrás de la teja.

3 Utilice clavos galvanizados para techos en cada lado y en la parte superior de cada ranura de la nueva teja. Las cabezas de los clavos deben quedar tapadas por las tejas traslapadas.

4 Aplique un poco de mástique para techos en cada cabeza de clavo y presione para aplanar las tejas. El calor solar activará el adhesivo y la teja quedará sellada.

Cómo reparar un vierteaguas

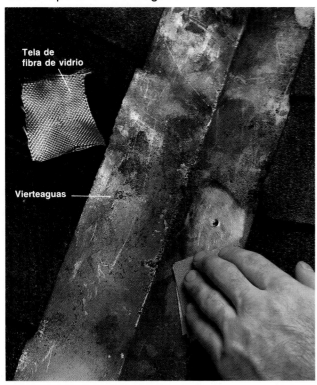

Tela de
fibra de vidrio

Vierteaguas

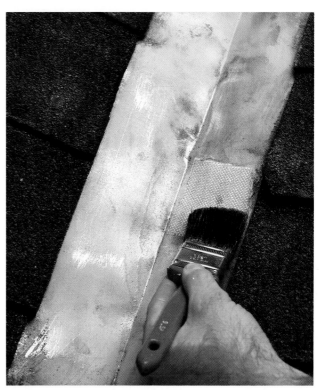

1 Lije el vierteaguas metálico. Tape con fibra de vidrio los agujeros de herrumbre; utilice herramienta y materiales para resanar con fibra de vidrio que se usan en automóviles, según las instrucciones del fabricante.

2 Espere hasta que la fibra de vidrio se endurezca; después aplique varias capas más de resina por arriba del resane, si se requiere. Espere que la resina se endurezca.

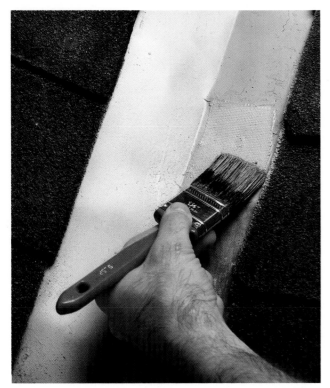

3 Lije el área del resane y las otras partes con herrumbre. Aplique una capa de pintura base anticorrosiva en todas las áreas lijadas. Espere que la pintura se seque; pinte de nuevo el vierteaguas reparado con una mano de pintura de acabado anticorrosiva.

4 Calafatee todos los bordes donde se unen las tejas y el vierteaguas con mástique para techos.

Fallas y reparación de canales de descenso y canalones

El noventa y cinco por ciento de todos los problemas de sótanos húmedos se deben a charcos cercanos al cimiento. Para evitar este problema, los canales de descenso y canalones se colocan de tal manera que el agua de la lluvia que se acumule en el techo fluya lejos del cimiento.

Cuatro fallas comunes originadas por canales de descenso y canalones defectuosos

Los sótanos húmedos causan daños a los muebles, a los aparatos eléctricos y a los pisos. La causa de la humedad en los sótanos por lo general se encuentra en canalones del techo y en canales de descenso obstruidos, con agujeros por herrumbre, o cuya salida no quede alejada de la pared de la casa. Para corregir la falla; se reparan los canales de descenso y los canalones (páginas 112, 114) y se revisa el grado de inclinación del terreno alrededor de la cimentación (página 113).

La pintura desprendida en las paredes de sótanos se debe a que éstas tienen humedad. Esto por lo general se origina por el agua que se filtra del exterior. Para corregir la falla, se necesita reparar los canales de descenso y los canalones (páginas 112, 114) y revisar el grado de inclinación del terreno alrededor de la cimentación (página 113).

110

Después de haber revisado e instalado los canales de descenso y los canalones, se requiere verificar que exista una inclinación del terreno alrededor de la casa; de ser necesario, formar una ligera pendiente desde las paredes hacia afuera.

Antes de comenzar:

Herramientas y materiales: una llana metálica, una manguera de jardín, tela de alambre para detener las hojas, un nivel de carpintero, papel de lija o un raspador de pintura, una sección de canalón de repuesto, mástique para techos, juego de herramienta para reparaciones con fibra de vidrio, pintura base para metal, pintura anticorrosiva, una sierra para cortar metales, un tramo de canal para bajada de agua.

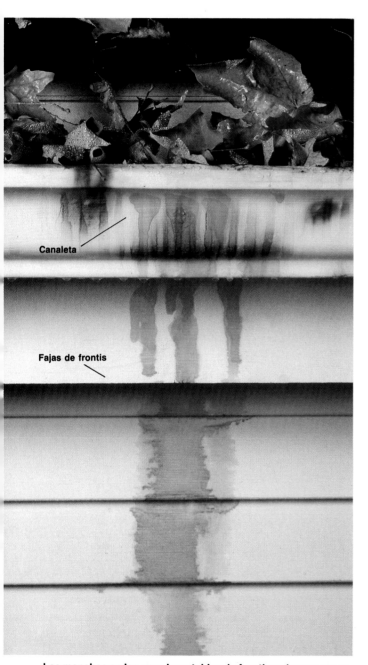

Las manchas en las paredes y tablas de frontis se forman por canalones que gotean o se derraman. Los canalones se derraman si los obstruyen las hojas y la basura. Para evitar esto, deben repararse los canales de descenso y los canalones (páginas 112, 114) y verificar el grado de inclinación del terreno alrededor de la cimentación (página 113).

Los charcos en los pasillos deterioran el concreto. Las aceras cubiertas de hielo son peligrosas, y en cualquier otra parte donde se forme hielo por el agua que gotea; también hay riesgo por los fragmentos de hielo que se desprenden. Para corregir este problema se necesita reparar los canales de descenso y los canalones (páginas 112, 114), verificar el grado de inclinación de la losa (página 113) y resanar y sellar el concreto (páginas 122-123).

111

Cómo destapar canalones y canales de descenso

Canaleta

1 Retire las hojas, las ramas pequeñas y demás material de los canalones; utilice para este trabajo una llana metálica. Las basuras en los canalones retienen la humedad y originan herrumbre en los canalones.

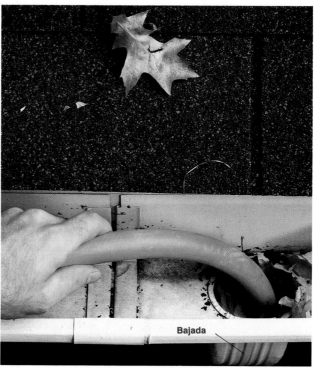

Bajada

2 Saque las basuras por medio de una manguera para jardinería que se inserta dentro del canal de descenso; una vez dentro se abre la llave de agua. Detecte los lugares que tienen herrumbre en los canalones y repare los agujeros que encuentre (página 114).

Verificar la inclinación de los canalones con un nivel. Los canalones deben guardar cierta inclinación hacia los canales de descenso. El agua que permanece estancada en los canalones produce herrumbre en el metal.

Malla protectora contra hojas

Proteger los canalones con una malla metálica para evitar la obstrucción de los canales de descenso por las hojas. Éstas son deslavadas por la lluvia en los canalones.

Cómo determinar y modificar el grado de inclinación de una cimentación

1 Fije un nivel de carpintero con cinta de pegar a un tablón recto de 2 × 4 y 8 pies de longitud y verifique el grado de inclinación del terreno alrededor de la cimentación de la casa. Si el terreno alrededor de la cimentación no tiene pendiente, el agua estancada puede filtrarse hacia adentro del sótano.

2 Ponga tierra alrededor de la cimentación para aumentar el grado de inclinación desde la cimentación. La tierra se alisa con un rastrillo y se verifica de nuevo la pendiente.

Tubo al suelo

3 Para obtener una pendiente apropiada, el extremo exterior del tablón debe estar cuando menos a 6 pulgadas por arriba del terreno cuando el tablón está nivelado. Añadir un tramo de canal para descargar el agua a cuando menos a 6 u 8 pies desde la cimentación (página 115). Plante césped hasta la cimentación para ayudar a drenar el agua.

Las losas de concreto en las de aceras o patios deben tener declive a partir de la casa. Si la losa está nivelada, o guarda pendiente hacia la cimentación, se recomienda alzarla por el método de inyección de barro. Busque en el directorio telefónico bajo Contratistas de Concreto, para encontrar un contratista que ofrezca este servicio.

Cómo reparar un canalón con goteras

1 Raspe toda la pintura levantada y la herrumbre con papel de lija o un raspador. Los agujeros se tapan con una sección de canalón igual. Use un juego de herramientas y materiales para reparaciones con fibra de vidrio para resanar otras áreas herrumbrosas.

2 Corte una sección del canalón para cubrir las áreas con herrumbre. Aplique mástique para techos para resanar el área; después, presione firmemente la sección reparada para que se asiente en su lugar.

3 Para las demás áreas oxidadas, aplique con una brocha resina de fibra de vidrio sobre el metal. Cubra la resina con tela de fibra de vidrio cortada a la medida del canalón. Espere hasta que la resina se endurezca ligeramente, después, aplique más resina con la brocha. Deje que se seque la resina toda la noche.

4 Déle una mano de pintura anticorrosiva a todas las áreas de reparación. Espere a que seque; después, pinte de nuevo los canalones reparados con pintura de acabado o con pintura anticorrosiva.

Cómo prolongar los canales de descenso

1 La formación de charcos de agua cercanos a la cimentación da origen a un sótano húmedo. Comience por verificar el grado de pendiente de la cimentación (página 113).

2 Con una sierra para metales corte una sección de canal de descenso de longitud de 6 a 8 pies de longitud.

3 Conecte al canal de descenso la sección cortada con un codado galvanizado.

Tubo al suelo

Bloque de derrame del agua

4 Coloque un bloque de derrame en el extremo del canal para dispersar el agua por el espacio verde.

Resane de grietas y agujeros

Los materiales de calafateo detienen la circulación del aire y ayudan a conservar la energía. También sirven para evitar la entrada del agua, del polvo e insectos.

En la actualidad se fabrica una amplia variedad de materiales para calafatear, resanar y tapar agujeros en madera, mampostería, concreto y asfalto. Las grietas en los cimientos y el entablado de los costados se deben cubrir con un aislante de fibra de vidrio para formar una base para el calafateo. Las grietas en las paredes de mampostería deben resanarse con mortero.

Antes de comenzar:

Herramientas y materiales: materiales de calafateo en tubos, cuchilla, pistola para calafatear, aislante de fibra de vidrio, herramienta para alisar (una cuchara de plástico o una tira lisa de madera), un cincel de albañilería, un martillo de bola, mortero, una cuchara de albañil con punta, herramienta para juntas, ácido muriático.

Un buen consejo: Un recipiente con agua fría es muy útil para mojar la herramienta alisadora (o la punta del dedo) y evitar así que se ensucie el calafateo de látex. Los calafateos a base de aceite o de butilo se limpian con soluciones minerales.

Material de calafateo, que incluye (en sentido de manecillas de reloj y de arriba a la izquierda): calafateo rápido de desprender y pegar, mástique para techados, calafateo con base de butilo, calafateo de látex acrílico, sellador de butilo para resanar áreas de paso de vehículos, sellador de látex para resanar mampostería, calafateo transparente a prueba de intemperie.

Cómo usar una pistola de calafatear

1 Corte la punta del tubo de calafateo al tamaño deseado del reborde. Algunos tubos de calafateo tienen guías cortadoras en la punta.

2 Introduzca un clavo largo para romper el sello del tubo. El tubo se inserta en la pistola de calafatear y se empuja el émbolo contra la base del tubo de calafateo.

3 Sostenga la pistola en posición inclinada y apriete el gatillo uniformemente durante el calafateo. Corra la punta del tubo de calafateo firmemente para aplicar el reborde en forma uniforme.

4 Apoye el tubo de calafateo sobre madera de desecho y jale hacia atrás el émbolo para evitar que gotee. Elimine de la punta el sobrante. Tape la punta para evitar que el tubo se seque.

Humedecer en agua una tira plana de madera para usarla en los rebordes de calafateo de látex en lugares donde es importante la presentación.

También puede usarse un dedo mojado para alisar un reborde de calafateo de látex o de silicio. El recipiente con agua se pone a la mano para lavar el calafateo y humedecerse el dedo.

Consejos para tapar agujeros y grietas en paredes exteriores

Calafatear las puertas y ventanas con látex o de silicio de buena calidad. El calafateo evita que la humedad pudra la madera y reduce la pérdida de calefacción.

Calafatear alrededor de los alambres y tuberías que entran a la casa. El calafateo viejo y rajado se quita antes de aplicar el nuevo, del color que iguale el costado.

Calafatear el durmiente, el piso de madera en el cual se asienta la casa sobre la cimentación. Este debe calafatearse periódicamente para evitar la pérdida de calefacción.

Rellenar con aislamiento de fibra de vidrio los agujeros y grietas grandes para formar una base para el calafateo. La fibra de vidrio también aísla.

Calafatear debajo de las tejas con un adhesivo para techos de buena calidad.

Calafatear los vierteaguas del techo alrededor de las chimeneas, tubos de respiración y claraboyas con mástique para techos para protegerlos contra la entrada de agua.

Cubrir las cabezas de clavos con mástique para techos para evitar goteras después de haber cambiado las tejas.

Cómo rellenar grietas de mampostería

1 Desprenda la mampostería suelta con un cincel de albañil o un cepillo metálico. Las superficies se limpian con un cepillo o con una aspiradora portátil.

2 Utilice una pistola de calafatear para aplicar el resane de mampostería a la abertura. Los compuestos de látex de relleno para mampostería se aplican y se limpian fácilmente.

3 Alise el calafateo de mampostería con una espátula, con una llana metálica o con una espiga de madera.

Cómo cambiar el mortero

1 Desmenuce el mortero suelto con un cincel de albañil y un martillo de bola. Las aberturas se limpian con un cepillo metálico o con una aspiradora portátil.

2 Prepare mortero nuevo para aplicarlo en las ranuras con una cuchara de albañil de punta.

3 Alise el mortero con una herramienta o con una espiga redonda de madera. Deje que seque toda la noche.

4 Limpie el frente de los ladrillos con un cepillo y una solución al 5% de ácido muriático; lo venden en centros comerciales de artículos para el hogar. Use guantes y ropa de protección cuando trabaje con el ácido.

Reparaciones de pisos de concreto

El concreto puede romperse o astillarse; se mancha por la herrumbre o aceite, o se agrieta por los efectos del agua —su principal enemigo. Las losas de concreto deben mantenerse bien selladas y reparar la erosión del suelo a su alrededor para evitar que penetre el agua por debajo.

Los agujeros en el concreto son originados por la expansión de una piedra o grava.

Las grietas en el concreto se forman por la expansión y contracción de la losa, lo cual es originado por los cambios de temperatura, o por el agua que deslava la base de grava.

Las esquinas astilladas de los escalones por lo general se deben a un golpe con algún objeto pesado.

El concreto se mancha cuando la superficie no está sellada. Se recomienda sellar el concreto con un sellador

una vez al año para darle la máxima protección contra las manchas y daños por humedad.

Antes de comenzar:

Herramientas y materiales: ácido muriático, guantes de caucho, fosfato trisódico (TSP), protectores para los ojos, una escoba con jalador o rodillo para pintura, un cincel de albañilería, un martillo de bola, resanador en polvo para concreto y líquido adhesivo, una llana metálica, resanador para calafatear concreto.

Un buen consejo: Las reparaciones del concreto se hacen cuando la temperatura es de 8° a 37°C (50° a 80°F) y el viento es ligero. El concreto no fragua adecuadamente si se seca demasiado rápido, o si se congela cuando está húmedo.

Herramientas para concreto. ▶

Escoba con jalador de agua

Llanas metálicas y herramientas para juntas

Cincel para mampostería

Cómo limpiar y sellar concreto

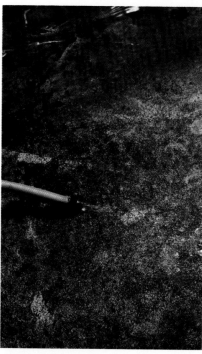

1 Limpie el concreto con un cepillo y una solución al 5% de ácido muriático, de venta en centros comerciales para el hogar. Use guantes y ropa de protección cuando trabaje con el ácido.

2 Vierta en la superficie con solución de fosfato trisódico, después enjuague con una manguera o con regadera mecánica de alta presión.

3 Aplique el sellador de concreto con un rodillo para pintura, con un jalador de goma o un rociador de jardín.

Cómo reparar escalones de concreto astillados

1 Limpie el concreto despastillado con un cepillo metálico. Aplique líquido adhesivo de látex con una brocha en el área de resane.

2 Mezcle el resane para concreto con agua; después, vacíelo en el líquido adhesivo, según las instrucciones del fabricante. Aplíquelo en el área en reparación con una espátula flexible o con llana metálica.

3 Fije unas tablas con cinta adhesiva en la esquina del escalón, según se ilustra, para sujetar el resane hasta que se endurezca.

Cómo resanar las partes levantadas y las grietas del concreto

1 Parta las piedras del fondo del agujero con un cincel para albañilería y un martillo. Use gafas protectoras para evitar lesiones en los ojos.

2 Elimine las basuras y las piedras sueltas del agujero con un aspiradora de taller. Si el agujero tiene aceite o grasa, utilice un poco de detergente; después, enjuague la cavidad.

3 Recubra los bordes del agujero con líquido adhesivo de látex. Mezcle concreto con agua; después, vacíelo en el líquido adhesivo. Vierta la mezcla y aplánela con una espátula flexible o con una llana metálica.

Las fisuras entre el piso de concreto y la cimentación pueden originar humedad en el sótano. Repare las grietas con un compuesto de resane para concreto tipo calafateo.

Cuidado y reparación del asfalto

Las entradas para vehículos y los corredores de asfalto se dañan por golpes o por la penetración de agua. El agua que fluye por abajo de la capa bituminosa desde el costado o por las grietas socava la base de grava que amortigua la losa. Para reparar asfalto y evitar mayores daños, se deben rellenar los agujeros y las grietas con resane asfáltico, sellar la superficie y rellenar los deslaves a lo largo del borde de la losa para impedir la entrada de agua.

Cómo tapar agujeros en el asfalto

1 Elimine la basura y las piedras sueltas del agujero con una aspiradora de taller. Lave el agujero con una manguera y boquilla rociadora.

2 Vierta el asfalto hacia adentro del agujero. El material se calienta con una pistola térmica; se empareja y alisa con una llana metálica.

3 Apisone el material para compactarlo firmemente en el agujero. Los resanes firmes y bien aplanados evitan futuros daños por agua.

Cómo sellar una área de asfalto para paso de vehículos

1 Rellene los agujeros que haya en la losa (página contraria). Limpie la superficie con producto limpiador de asfalto para eliminar el aceite y la mugre de la superficie. Enjuague la losa con una manguera o una regadera de lavado mecánico.

2 Tape las grietas en el asfalto con una pistola de calafateo y un tubo de material de resane para asfalto. Las grietas grandes probablemente requieran varias aplicaciones.

3 Extienda y aplane el material con una espátula para mástique. Humedezca la herramienta en agua fría o en soluciones minerales inodoras para evitar que el resane se le pegue.

4 Vierta un bote de sellador sobre la superficie y extiéndalo según las instrucciones del fabricante. Una capa demasiado espesa no curará apropiadamente. Se recomienda aplicar dos capas.

5 Espere hasta que el sellador cure bien antes de transitar sobre él. Bloquee el área con caballetes o una cuerda y escaleras para evitar el paso, hasta que se seque.

Índice